Ingo Pfeiffer • **Fahnenflucht zur See**

Ingo Pfeiffer

Fahnenflucht zur See

Die Volksmarine im Visier des MfS

Kai Homilius Verlag
Edition Militärgeschichte Band 5

Kai Homilius Verlag
www.kai-homilius-verlag.de
E-Mail: home@kai-homilius-verlag.de

Autor: Ingo Pfeiffer
Cover: Joachim Geissler
Druck: Printed in E.U.
ISBN: 978-3-89706-913-8

Inhaltsverzeichnis

Vorwort

Die erstmalige Dokumentation von geplanten und vom Ministerium für Staatssicherheit (MfS) überwiegend vereitelten Fahnenfluchten von Marinesoldaten der Volksmarine (VM) behandelt den noch unerforschten brisanten Komplex des MfS in den Seestreitkräften der DDR. Diese bis 1990 als „Geheime Verschlusssache" (GVS) eingestuften Ereignisse waren nur wenigen VM-Offizieren bekannt. Gerüchte und Vermutungen hatten deshalb Hochkonjunktur. Die im Archiv der „Bundesbeauftragten für die Unterlagen des Staatssicherheitsdienstes der ehemaligen DDR" (BStU) recherchierten Vorgänge reflektieren Episoden deutscher Teilungsgeschichte und militärischer Konfrontation von Warschauer Vertrag und NATO in der Ostsee. Hierbei handelt es sich um ein weitgehend unbekanntes und düsteres Kapitel von 40 Jahren Marinegeschichte der DDR. Die Tatsache, dass sich junge Männer freiwillig zum Dienst in der VM verpflichteten, um dann bei passender Gelegenheit fahnenflüchtig zu werden und dabei auch Konsequenzen des Scheiterns und der Strafverfolgung einkalkulierten, macht betroffen und stimmt immer wieder nachdenklich.

Die Fahnenfluchtversuche von jungen Marineangehörigen offenbaren die Dramatik von persönlicher Hoffnung auf eine freie Entwicklung der Betroffenen und politischer Strafverfolgung bei ablehnender Einstellung zum DDR-System. Allein im Zeitraum 1967 bis 1974 bearbeitete das MfS 17 „Operativ-Vorgänge" über geplante Fahnenfluchten in der VM. Eingeordnet in die konkrete Zeitgeschichte stellt der Autor die überwiegend tragisch verlaufenden Ereignisse und Menschenschicksale aus der Verantwortung für die Gegenwart heraus gegen das Verdrängen zur Diskussion. Im Gegensatz zur besonderen Staatstreue, politischer Zuverlässigkeit und Verschwiegenheit vieler MfS-Mitarbeiter fühlt sich der Autor geradezu verpflichtet, gegen das Gebot der Zurückhaltung zu verstoßen. Ich hätte Verrat an der eigenen Gesinnung begangen, hätte ich dieses Buch nicht geschrieben.

Wenige Monate nach meiner Ernennung zum Leutnant (Ing.) wurde ich als Leitender Ingenieur an Bord des U-Jagdschiffes vom Typ 201-M, ohne es zu bemerken, Zeitzeuge einer im August 1973 geplanten Fahnenflucht. Drei Besatzungsangehörige beabsichtigten, durch gewaltsame Inbesitznahme des Schiffes in die BRD zu flüchten. Neben meiner Begeisterung zur See zu fahren, gewann ich gleich zu Beginn meiner Marinezeit Erkenntnisse über recht widersprüchliche Ereignisse erlebter Geschichte. Wegen den völlig überzogenen personellen Erfordernissen an eine permanent hohe Gefechtsbereitschaft und der daraus resultierenden Befehle entsprach mein Dienstverständnis nach Auffassung einiger Vorgesetzter oftmals nicht den Anforderungen. Ich konnte z. B. nicht verstehen, weshalb die Gefahr „aggressiver Handlungen" seitens der Bundesmarine besonders an Wochenenden und Feiertagen so akut sein sollte. Die VM-Führung hätte wissen müssen, dass sich die dienstfreien Schiffsbesatzungen des Gegners komplett in Urlaub befanden. Aber diese Sicht passte nicht in das politische Konzept und den damaligen Zeitgeist.

Wegen der äußerst desolaten Dienst- und Lebensbedingungen an Bord des technisch völlig veralteten U-Jagdschiffes russischer Produktion bekam meine Dienstmotivation gleich zu Beginn der 22-jährigen Dienstzeit einen Dämpfer. Mir wurde bewusst, dass ich es auf diesem „Schlitten" nicht lange aushalten würde. Ich stellte mir die Sinnfrage, wozu habe ich 4 Jahre Schiffsbetriebstechnik studiert, um dann anschließend mehr mit Hammer, Schraubenschlüssel oder „Wünschelrute" arbeiten zu müssen? Für die technische Betriebsführung des U-Jägers hätte ich eher die Kunst der Zauberei erlernen oder das Magiepatent erwerben sollen. Hinzu kam der Schock über die geplante Fahnenflucht von vermeintlichen Kameraden mit Entführung meines Schiffes. Man sagte uns in Auswertung des Vorkommnisses, dass die Entführer die Erschießung der Bordoffiziere einkalkuliert hatten. Ohne die IM-Beschattung und den Zugriff des MfS hätte ich vielleicht diese Zeilen gar nicht schreiben können. Möglicherweise wäre meine damalige Frau vier Wochen nach unserer Heirat in Kirchmöser bereits Witwe geworden. All das schien mir so unfassbar, dass ich mich in der 4. Flottille (Warnemünde) um Aufklärung des Entführungsfalls bemühte. Man riet mir jedoch unmissverständlich, jegliche Nachforschungen einzustellen und den Fall ruhen zu lassen.

Mitte der 90er Jahre beschäftigte ich mich erneut mit dem für mich nicht erledigten Fall. Ich stellte den Antrag auf Akteneinsicht im BStU-Archiv. Nach intensiven Recherchen wurden dort die Mitarbeiter fündig. Das MfS hatte unter dem Decknamen „Vorposten" einen für mich erstaunlichen Aktenbestand angelegt, insgesamt 14 dicke Ordner. Nach der Akteneinsicht entschloss ich mich, dieses Kapitel deutscher Marinegeschichte detailliert aufzuarbeiten und in der Zeitschrift „MARINE-FORUM" zu veröffentlichen. Die mir als Mitglied der Marine-Offizier-Vereinigung seit 1991 vertraute Zeitschrift druckte 2002 zwei Aufsätze. Anschließend erhielt ich zahlreiche Hinweise von Marinekameraden über weitere Fahnenfluchtbeispiele in der VM. Ich ging diesen Informationen im BStU-Archiv nach und erhielt Einblick in einen MfS-Marinesumpf nie vermuteten Ausmaßes. Buchstäblich „5 Minuten vor 12" deckte das MfS eine Gruppenfahnenflucht auf dem typ-gleichen U-Jagdschiff „474" der 1. Flottille in Peenemünde auf. Das Ausmaß dieser im Januar 1967 geplanten Aktion, die anschließende Strafverfolgung aller Beteiligten und disziplinarische Bestrafung der als verantwortlich beschuldigten Offiziere sind unglaublich und in der Geschichte der DDR-Seestreitkräfte einmalig.

In welchem Maße politische Motive Fahnenfluchtaktionen begründen, verdeutlicht die gelungene Fahnenflucht von drei Angehörigen der Grenzbrigade mit dem KS-Boot Typ DELPHIN nach Travemünde wenige Tage nach dem Bau der Berliner Mauer. Nach dem 13. August 1961 wurde die Grenzsicherung an der mecklenburgischen Ostseeküste militärisch organisiert. Wegen der Gefahr von „Überläufern" aus den eigenen Reihen erreichte die politische Überwachung der Schiffsbesatzungen durch ein perfekt ausgeklügeltes IM-System traurigen Weltrekord.

Dass die Verhinderung von Fahnenfluchtaktionen in Verbindung mit der Schiffsentführung auch zu Gegenreaktionen der Besatzung durch den Einsatz militärischer Gewalt führen kann, dokumentiert das tragische Schicksal eines Obermaaten im August 1979 auf einem MSR-Grenzschiff, Typ KONDOR I.

Einmalig und sensationell ist der Fahnenfluchtcoup von zwei Matrosen im März 1988. Ihnen gelang per Fährschiff die Flucht von Saßnitz nach Schweden mit Weiterreise in die BRD. Einen Monat später kehren sie in die DDR zurück. Diese unter MfS-Regie verlaufende Rückholaktion 20 Monate vor dem Mauerfall spiegelt Zeitgeschichte am Ende des Kalten Krieges mit einem Hauch teuflischer Diplomatie der Geheimdienste beider Seiten im Auftrag der Politik wider.

Dass die Systemabneigung selbst das Offizierskorps erfasste, beweisen die beiden erfolgreichen Fahnenfluchten von zwei Korvettenkapitänen mit ihren Familien im August 1969 und August 1989 über die grüne Grenze.

Mit den zwölf geschilderten Beispielen erhält der Leser einen Einblick in ein Kapitel der VM-Geschichte, dass bis 1989 nicht in die allgemein bestehende Hurra-Stimmung passte. Das Buch erzählt aber auch, wie Kameradschaft, Treue und Diensteifer verraten wurden. Zum Schutz der Personen, die an diesen Fahnenfluchten beteiligt waren, wurden deren Namen nicht genannt. Informationen über themenrelevante und zum Teil unbekannte MfS-Strukturen runden das Bild ab.

Dieses Buch ist all jenen Marinekameraden gewidmet, die wie ich im festen Glauben an den Friedensauftrag von DDR-Seestreitkräften Dienst bis zur „geräuschlosen" Auflösung der VM geleistet haben. Es richtet sich aber auch an jene Marinesoldaten, die in Verwirklichung ihrer Persönlichkeitsentwicklung und Sehnsucht nach Freiheit auf tragische Weise Opfer der deutschen Teilung wurden.

März 1990 - Letzte Ausstellung wissenschaftlicher Exponate an der OHS der VM „Karl Liebknecht"

I.

Anatomie des MfS-Struktur und Aufgaben der HA I, HA IX/6 und der Abteilung in der Volksmarine

Die **Hauptabteilung (HA) IX** mit Sitz in Berlin-Hohenschönhausen (ca. 480 Mitarbeiter) war das Untersuchungsorgan des MfS. Sie hatte 12 Abteilungen und unterstand direkt dem Minister für Staatssicherheit. Zum Aufgabengebiet der Abteilungsressorts gehörten u. a.:

- Ermittlung und Bekämpfung von Spionage- und politischer Untergrundtätigkeit,
- Ermittlung und Bekämpfung von volkswirtschaftlichen Delikten und Delikten des staatsfeindlichen Menschenhandels,
- Ermittlungsverfahren von Militärstraftaten und Fahnenfluchten sowie von Straftaten gegen oder durch Angehörige der Gruppe der sowjetischen Streitkräfte (Abteilung 6),
- Ermittlungsverfahren gegen MfS-Angehörige,
- Ermittlungsverfahren bei politisch-operativ bedeutsamen Vorkommnissen (Tötungsdelikte, Selbstmorde, Havarien und Brände),
- Aufklärung von Nazi- und Kriegsverbrechen.

Der HA IX unterstand außerdem das Sonderreferat „Häftlingsfreikauf/ Regelung vermögensrechtlicher Fragen“. Mit Ausnahme von Spionageverbrechen umfasste der Zuständigkeitsbereich der HA IX/6 folgende Delikte: Staatsverbrechen, **Fahnenfluchten**, Straftaten mit Auswirkungen auf die Einsatz- und Gefechtsbereitschaft der NVA (Meuterei, Verstöße gegen den Geheimnisschutz, Schäden an Kampftechnik und Militärökonomie, Störung in den sozialistischen Beziehungen) sowie Vorkommnisse von zentraler Bedeutung (z. B. Änderung von Befehlen und Dienstvorschriften).

Entsprechend geheimer Arbeitsanweisungen, auch mit detailliertem Fragespiegel zur Zeugenvernehmung (37 Fragen), untersuchte die HA IX/6 in enger Zusammenarbeit mit der Militärstaatsanwaltschaft alle

Fälle von Fahnenfluchten und Angriffen gegen die Staatsgrenze der DDR. Selbst in der U-Haft bediente man sich sogenannter „Zelleninformatoren". Dazu installierte das MfS unter den Inhaftierten IMs. Laut einer internen Aufgabenstellung zur Verhinderung von Fahnenfluchten ging es dem MfS um „die Gestaltung eines wirkungsvollen Systems der rechtzeitigen Aufklärung und Abwehr solcher vorwiegend als Auswirkung der gegen die DDR betriebenen psychologischen Kriegführung begangenen Verbrechen".

Die MfS-Abteilung in der VM gehörte zu der 1950 gebildeten HA I. Diese hatte ihren Dienstsitz in Berlin-Treptow, Schnellerstraße. Die ca. 2.330 Mitarbeiter zählende HA I war für die Abwehrarbeit und „innere Sicherheit" in den DDR-Streitkräften zuständig. Von 1950-1955 betraf das die VP-Bereitschaften, KVP mit der VP-Luft und VP-See sowie ab 1956 die NVA und Grenztruppen der DDR. Die MfS-Abteilung in der VM unterstand direkt dem **1. Stellvertreter des Leiters der HA I.** Sie hatte ca. 533 Mitarbeiter. Im Zeitraum 1959-1981 leitete Oberst Rudolf Israel den 1. Stellvertreterbereich der HA I. Mit Ende des 2. Weltkrieges ist er Stabsgefreiter der Wehrmacht. Am 1. Juli 1945 meldete er sich zur Schutzpolizei in Chemnitz. Innerhalb von fünf Jahren schaffte er es bis zum Abteilungsleiter an der VP-Schule Dresden/Kochstedt bzw. in der VP-Bereitschaft Frankenberg. Im März 1951 begann dann seine 30-jährige MfS-Laufbahn in der HA I in Berlin. Ein Jahr nach seiner Beförderung zum Generalmajor wurde er im September 1981 von seiner Funktion entbunden.

Die Leitung der MfS-Abteilung in der VP-See (1952-1956), den Seestreitkräften (1956-1960) bzw. der VM (1960-1989), auch als Verwaltung 2000 oder Militärabwehr bezeichnet, unterstand nicht dem Chef der Seestreitkräfte bzw. VM, sondern dem 1. Stellvertreter der HA I in Berlin. Dieses Unterstellungsverhältnis verdeutlicht u. a. den Sonderstatus dieser Truppe. Das kam letztlich auch in den kuriosen Eingriffen des MfS in militärische Strukturen und in den Dienstbetrieb der VM zum Ausdruck. Umgangssprachlich kursierten unter den Marineangehörigen zum MfS Namen wie „Firma", „Greif zu" oder „Horch und Guck". Die Mitarbeiter wurden scherzhaft mit „Sicherheitsnadel", „Schlapphut", „Schatten" oder gar als „Gefechtsabschnitt – GA – VII" bezeichnet, was wiederum deren Tätigkeit charakterisierte. Bekanntlich gab es an Bord nur fünf Gefechtsabschnitte. Der erfundene siebente

GA war eine Anspielung auf den aus Spielfilmen bekannten englischen Geheimagenten 007 – James Bond.

In enger Gefolgschaft zu Moskau bezeichnete sich das MfS selbst gern als „Schild und Schwert der Partei" (SED). Nach dem Selbstverständnis des MfS galt es, die sozialistischen Ideale und Errungenschaften gegen die Angriffe des Gegners zu verteidigen, in welcher Form auch immer (Schild). Das Schwert verdeutlichte die Zerschlagung der „Feinde des Sozialismus" sowie die Bekämpfung der von ihnen gegen die DDR geführten Attacken bzw. ideologischen Diversion.

Obwohl in der VM tätig, durften die MfS-Mitarbeiter laut einer Weisung ihres Ministers Mielke keine Marinedienstgrade führen. Der Stasimann war so je nach eigenem Ermessen abwechselnd Kapitänleutnant oder Hauptmann bzw. Major oder Korvettenkapitän. Im Dienst trugen die Offiziere vorwiegend die Marineuniform, aber auch Zivil. Allgemein legten sie großen Wert auf die militärische Ehrenbezeigung, ohne immer selbst den „Gruß" mit Hand an der Mütze zu erwidern. Übersah man einmal versehentlich auf dem Fußwege einen MfS-Offizier, so folgte der Rüffel auf dem Dienstwege. Zur Hauptbeschäftigung des MfS gehörte das verdeckte Ausspionieren von Personen und das Sammeln von Informationen. Als ich einmal interessehalber Mitte der 70er Jahre in Zivil im Warnemünder Hotel „Neptun" einen Blick in den Intershop warf, um mir das Warenangebot „Made in West Germany" anzusehen, wurde ich einige Tage später von einem MfS-Offizier wegen meines angeblichen Dienstvergehens angesprochen. In diesen Geschäften konnte man nur mit westlicher Währung, Dollar, DM usw., einkaufen. Außer meiner erstaunten Blicke auf das imposante Warenangebot gab es jedoch keinen „Westkontakt".

Die Marineabteilung des MfS wurde 1950 von Oberst Dietrich Bünning aufgebaut und von ihm bis 1979 geleitet. Bünning kam im Oktober 1942 zur Kriegsmarine. Als Obergefreiter fuhr er auf Räumbooten der 3. und 16. R-Boot-Flottille. Nach kurzer Internierung in Dänemark arbeitete er ab August 1945 als Matrose auf der Werft in Travemünde. Im November 1945 meldete er sich als Ausbilder zur „Roten Flotte" in Swinemünde. Nach Rückkehr in die damalige SBZ begann im Dezember 1946 seine Kariere im Polizeidienst bis zum Personalleiter der Grenzbereitschaft Salzwedel. Am 1. Juni 1950 wechselte er zum Stab der HV-Ausbildung (KVP) in Berlin. Als Referats- bzw. Abteilungsleiter erhielt er den Sonderauftrag für den Aufbau der Staatssicherheit

(SfS) in der HV-Seepolizei (HVS, ab 1. Juni 1950) bzw. VP-See (1. Juli 1950 bis 28. Februar 1956). In den Personallisten der Marine war er jedoch nie vermerkt. Im Februar 1973 wurde er zum Oberst befördert. Bünning verstarb 1979 im Alter von 56 Jahren.

Nach seinem Tod übernahm Oberst Günter Knothe die Führung der MfS-Abteilung in der VM, von der er jedoch bereits nach fünf Jahren wieder entbunden wurde. Knothe kam am 17. August 1949 zur KVP. Als Sachbearbeiter mit dem Dienstgrad Meister begann am 1. Januar 1951 seine MfS-Laufbahn in der Abteilung VII der KVP in Weißenfels. Im Januar 1953 war er bereits Hauptmann und Stellvertretender Referatsleiter der MfS-Abteilung im Militärbezirk V.

Bevor Major Knothe am 1. September 1965 zur VM kam, war er Unterabteilungsleiter der MfS-Abteilung im Kommando der Landstreitkräfte und Grenztruppen der DDR. Zuvor delegierte man ihn 1964 zum Fernstudium an die Justizhochschule des MfS in Potsdam-Eiche, das er nach sieben Jahren als Diplom-Jurist abschloss. 1968 wurde er Stellvertretender Abteilungsleiter des MfS in der VM und schließlich 1979 deren Chef mit dem Dienstgrad Oberst. Seine imposante Ordenssammlung, die seine Uniform schmückte, ist ein Indiz für gute Beziehungen bzw. für Schreibtischerfolge „im Kampf gegen die Feinde des Sozialismus". Im 35. Dienstjahr leistete sich der MfS-Marinechef jedoch ein einzigartiges, noch nie da gewesenes Vergehen. Wie kam es dazu?

Knothe genoss das Privileg, als „Nutzungsberechtigter" für ein „seefähiges Schlauchboot" Paddeltouren auf der Ostsee machen zu können. Nach einer Küsten-Angeltour mit seinem Sohn im August 1984 ließ er das Boot seeklar am Ostseestrand von Darßer Ort liegen, ohne, wie es die Dienstvorschrift vorsah, die Luft aus dem Schlauchboot abzulassen. Das beobachteten zwei Matrosen einer dort stationierten Einheit der Grenzbrigade Küste. Sie benutzten das vom Stasichef hinterlassene Boot für ihre seit Langem geplante Fahnenflucht nach Dänemark. (siehe dazu Kapitel 4.9.)

Nach Bekanntwerden des Vorkommnisses rastete MfS-Minister Mielke in Berlin förmlich aus. Er gab zu Protokoll: „Oberst Knothe verstieß durch diese Handlungsweise gröblichst gegen die Prinzipien der Wachsamkeit und Sicherheit". Er wurde disziplinarisch zur Verantwortung gezogen und zwei Tage später entlassen. Eigentlich hätte er nach dem Szenario des MfS und der DDR-Militärjustiz wegen Beihilfe zur Fahnenflucht verurteilt werden müssen. Die vom MfS-Marinechef begünstigte Fahnenflucht veranlasste Mielke zu einem streng vertraulichen Schreiben an den Minister für Nationale Verteidigung, Armeegeneral Heinz Hoffmann.

An Knothes Stelle trat Fregattenkapitän/Oberstleutnant Gerhard Priewe (Jahrgang 1935), ein intelligenter Offizier ganz anderer Prägung „Marke Eigenbau". Er erhielt seine Ausbildung in den DDR-Seestreitkräften und der sowjetischen Seekriegsflotte. Als Abiturient meldete er sich 19-jährig zur VP-See in Parow. Nach dem Studium an der Seeoffiziersschule Stralsund (1954-1958) absolvierte er als Unterleutnant zur See, entsprechend der damals in der NVA eingeführten chinesischen Ausbildungsmethode, ein Produktionsjahr als Transportarbeiter auf der Rostocker Neptunwerft. Danach wurde er Mitarbeiter der MfS-Abteilung in den Seestreitkräften. Von 1963-1965 studierte Oberleutnant Priewe an der „Deutschen Akademie für sozialistisches Recht" in Babelsberg, das er mit dem Diplom als Staatswissenschaftler abschloss. Nach einem Russisch-Sprachlehrgang in Dammsmühle bei Berlin folgte im August 1969 seine Delegierung zum Studium an die Seekriegsakademie in Leningrad. Das schloss er im Juni 1972 mit einem „Otlitchno" (ausgezeichnet) ab. Er ist der einzige hauptamtliche MfS-Marineoffizier mit einem Akademieabschluss. Mit Rückkehr in die DDR wurde er zum Stellvertreter der Abteilung äußere Abwehr der HA I in Berlin berufen.

Der Dienstantritt von Korvettenkapitän Priewe als Unterabteilungsleiter des MfS in der 4. Flottille in Warnemünde am 1. August 1973 fällt zeitlich genau mit der Aufdeckung der geplanten Gruppenfahnenflucht auf dem U-Jagdschiff „421" SPERBER zusammen. Priewes Einsatz in der 4. Flottille dauerte fünf Jahre. Er nutzte z. B. jede vom Flottillenchef anberaumte Offiziersversammlung für Vorträge über die „Auswirkungen der ideologischen Diversion des Gegners in der VM". Seine exzellent und in freier Rede vorgetragenen Gedanken trugen VVS-Charakter (vertrauliche Verschlusssache). Im Gegensatz zu anderen Referenten waren seine Vorträge nie langweilig. Er ließ in diesem Forum auch Fragen zu und antwortete prägnant ohne allgemeines Geschwafel. Offensichtlich war seine „Nähe zum Personal" der Schlüssel zum Erfolg. Auch ich gehörte damals in den 70er Jahren als Oberleutnant und Kapitänleutnant zu den Zuhörern. Mir fiel auf, mit welchem rhetorischen und psychologischen Geschick er dabei mitunter bestimmte Offiziere ins Visier nahm, so als ob diese etwas zu verbergen hätten.

Zu seinem „Markenzeichen“ gehörte, dass er in der Flottille stets die Marineuniform trug. Im April 1978 wurde er von Minister Mielke mit einer Sonderaufgabe betraut.

Am 1. Oktober 1979 rückte Priewe zum Stellvertreter der MfS-Abteilung in der VM auf. Fünf Jahre später ist er von Oktober 1984 bis zur Auflösung des MfS Ende 1989 dessen Chef. Seine Beförderung zum Kapitän zur See erhielt er 1986.

Anfang der 80er Jahre umfasste die VM-Abteilung des MfS einen Personalbestand von 98 operativen und 22 technischen Mitarbeitern sowie 65 Planstellen für IM-führende Mitarbeiter. Ein von Priewe vorgeschlagener MfS-Personalabbau in der VM wurde von Berlin abgelehnt. Das 17-köpfige MfS-Führungsteam im Kommando VM hatte seinen Sitz in Rostock-Gehlsdorf. Die Abteilungsstruktur entsprach den VM-Stützpunkten bzw. VM-Dienststellen. Die MfS-Abteilung untergliederte sich in sechs Unterabteilungen (UA) und das Referat HA I/Äußere Abwehr. Es existierten folgende Unterabteilungen:

- *Stab VM* mit Kommando VM in Rostock, Küstenraketenregiment-18 in Gelbensande, Kampfschwimmerkommando-18 in Kühlungsborn, Marinehubschraubergeschwader-18 in Parow sowie Marinefliegerkräfte in Rostock-Laage,
- *1., 4. und 6. Flottille* in Dranske, Warnemünde und Peenemünde,
- *Offiziers- und Flottenschule* in Stralsund und Parow sowie die *Schiffstammabteilung* auf dem Dänholm in Stralsund,
- *6. Grenzbrigade Küste* (GBK) mit Stab in Rostock.

Außerdem zählten zur MfS-Abteilung weitere 16 ehemalige Mitarbeiter, die zeitweilig in andere Einheiten versetzt worden waren oder in der HA I/8 arbeiteten.

Mitte der 80er Jahre führte die VM-Abteilung schätzungsweise 1.300 IMs. Die genaue Zahl ist nicht bekannt. Danach hatte ein hauptamtlicher MfS-Mitarbeiter etwa 20-25 IMs zu führen. Durch die halbjährlich wiederkehrenden Versetzungen von Marinesoldaten in die Reserve mussten ständig neue IMs angeworben werden. Wegen der „Arbeitsfülle“, schaffte es der MfS-Mitarbeiter nicht, sich regelmäßig konspirativ mit den IMs zu treffen. Damit jedoch die Anzahl der Gespräche für die Statistik der Vorgesetzten stimmte, wurden IMs samt Treff-Berichten frei erfunden. So kam es vor, dass mitunter einige Marinesoldaten und Zivilbeschäftigte gar nichts von ihrem „IM-Status" wussten. Diese Tatsache wird den Betreffenden heute in der öffentlichen Diskussion oftmals zum Vorwurf gemacht.

Die UA in der 4. Flottille hatte 16 MfS-Mitarbeiter. Sie bearbeiteten die Bereiche bzw. „Sachgebiete": Flottillenstab, 4. Sicherungsbrigade, Küstenschutzschiffabteilung und Rückwärtige Dienste. Bei einem Bestand von etwa 45 Schiffen und Booten Mitte der 80er Jahre ist die geschätzte Anzahl von etwa 260 IMs einschließlich derer in den sicherstellenden Einheiten sicherlich nicht übertrieben.

Schwerpunkt in der Tätigkeit des MfS innerhalb der VM und 6. GBK bildete der „Kampf gegen Fahnenfluchten und ungesetzliche Grenzübertritte" auf See oder auf dem Landweg. Den Beleg dazu liefert ein im BStU-Archiv aufgefundenes Dokument zu Fahnenfluchten in der VM im Zeitraum 1. Januar 1985 bis 31. Dezember 1986. In diesen 24 Monaten planten zwei VM-Angehörige eine Fahnenflucht, darunter befand sich ein Berufsunteroffizier. Entsprechend dem MfS-Sprachgebrauch lag bei fünf Marinesoldaten eine „vollendete" Fahnenflucht vor. Ihnen konnten angeblich konkrete Realisierungshandlungen nachgewiesen werden, ohne dass ihnen die Flucht in die BRD gelang. Alle „Täter" scheiterten durch die massive „Hinterlandsicherung". Ihre Festnahme erfolgte im Ergebnis von eingeleiteten Fahndungsmaßnahmen im Urlaub oder bei unerlaubter Entfernung von der Einheit/Schiff. Auffällig ist die Konzentration von vier Fällen auf einem Schiff sowie von drei Fällen in einer Landeinheit der VM. Zu sechs „Tätern" besaß das MfS keinerlei Informationen zu deren Fluchtabsichten. Im Vergleich zu den Vorjahren stellte das MfS einen Anstieg von Fahnenfluchtaktionen, geplanten Grenzdurchbrüchen und „Vorfelderscheinungen" (Gespräche) fest.

Um junge Menschen und politisch Andersdenkende zu „Feinden des Sozialismus" abzustempeln und zu verfolgen, reichte den Spürnasen des MfS oftmals schon die Kenntnis über ein Gespräch zu kritisierten Missständen in der DDR, desolaten Dienstbedingungen und überzogenen Anforderungen an eine hohe Gefechtsbereitschaft. Verdächtig machten sich auch jene Marinesoldaten, die durch ihre ablehnende Haltungen zur SED-Politik auffielen oder gar offen ihre Absichten zur Ausreise äußerten.

Im **Zeitraum 1985/86** erfasste das MfS in der VM und 6. GBK 98 Gespräche mit 160 beteiligten Personen. Daran waren zu 45 % Soldaten auf Zeit (SaZ mit drei Jahre Verpflichtungszeit) beteiligt. Der Anteil der Unteroffiziere auf Zeit (Maate/Obermaate mit vier Jahre Verpflichtungszeit) lag bei 33 %. Unter den ins Visier des MfS geratenen Marinesoldaten befanden sich auch zwei Fälle mit fünf beteiligten Offizieren sowie zwei Fälle mit drei beteiligten Fähnrichen.

Im Vergleich der Gesprächskonzentration zwischen den Flottillen ermittelte das MfS in der 4. Flottille 28 Fälle mit 50 beteiligten Personen im Zeitraum 1985/86. Damit belegte dieser Marinestützpunkt in Warnemünde/Hohe Düe in der MfS-Statistik den 1. Platz.

In der an der gesamten DDR-Ostseeküste stationierten **6. GBK** kam das MfS 24 Fällen mit 28 involvierten Personen auf die Spur.

Mit „nur" 19 Fällen und 43 Personen rangierte die **1. Flottille** in Peenemünde in der MfS-Hitliste auf Platz 3.

In der 6. Flottille in Dranske ortete das MfS 15 Marinesoldaten, die sich in 10 Fällen mit Fahnenfluchtgedanken beschäftigten.

Ob diese schwerwiegenden Aussagen auch tatsächlich zutrafen, lässt sich anhand der Aktenlage nicht beurteilen. Auf jeden Fall verbergen sich hinter diesen anonymen Zahlen Schicksale junger Menschen in der VM und 6. GBK. Ihr „politisches Vergehen" bestand darin, aus ihrer kritischen Haltung zum DDR-System und dem Wunsch nach Freiheit und Wohlstand heraus den Ausweg über eine Fahnenflucht erwogen, besprochen oder geplant zu haben.

Mitte der 80er Jahre betrug der Personalbestand der VM etwa 14.200 Frauen und Männer, einschließlich 2.400 Zivilbeschäftigter. Unter Berücksichtigung der Tatsache, dass 26,2 % der Uniformierten auf Schiffen und Booten eingesetzt waren, was 3.068 Mann entspricht, ist die vom MfS ermittelte Anzahl von angeblich 160 potentiellen Fahnenflüchtigen alarmierend. Danach wurden 5,22 % der Schiffsbesatzungen im Zeitraum 1985/86 vom MfS unter dem Verdacht einer besprochenen Fahnenflucht erfasst und observiert. Es gehörte zum Arbeitsstil des MfS, dass die Vorgesetzten der beschatteten Marinesoldaten nicht über die Situation an Bord informiert wurden, sondern erst zum Zeitpunkt der Verhaftung.

II.

Fluchtbewegung an der unsichtbaren Seegrenze – Ostseeküste der DDR

Nachdem Ende der 60er Jahre die innerdeutsche „grüne Grenze" für Republikfluchten in die BRD immer undurchlässiger wurde, wählten die Menschen in den 70er und 80er Jahren zunehmend die mecklenburgische Ostseeküste als Fluchtweg. Der Ostsee-Urlauber sah die Freiheit des Meeres und dennoch war sie für ihn nicht erreichbar.

Trotz der mit dem Machtantritt Honeckers 1971 verbundenen allgemeinen Hurra-Stimmung in der DDR ebbte die jährliche Flüchtlingswelle an der Küste nicht ab. Sie erreichte im Jahr 1971 mit 350 Fluchtaktionen einen Spitzenwert. Die 1971 proklamierte Politik „der Einheit von Wirtschafts- und Sozialpolitik" veränderte das DDR-System nicht grundlegend. Diese Politik bedeutete vielmehr die Rückkehr zu den Grundlagen eines Versorgungsstaates nach dem Modell des Weimarer Kommunismus. Das Unterdrückungspotential in der DDR wuchs. Die Mitarbeiterzahl des MfS expandierte. Nach 1958 erfuhr das politische DDR-Strafrecht 1977 und 1979 eine Ausweitung. Dennoch gab es Bürger, die unglaubliche Gefahren auf sich nahmen, um nach gründlicher Vorbereitung mit technischem Einfallsreichtum und seemännischer Cleverness zu versuchen, ihr individuelles Freiheitsrecht in abenteuerlich anmutenden Fluchtaktionen über und unter See umzusetzen. Die Fluchtbewegung von DDR-Bürgern an der mecklenburgischen Ostseeküste gehört zu einem tragischen Kapitel deutscher Teilungsgeschichte. Die 2001 in Lübeck und zuvor in Schwerin präsentierte Ausstellung „Über die Ostsee in die Freiheit" dokumentiert 5.636 Fluchtversuche im Zeitraum 1961 bis 1989. Davon scheiterten 4.549 durch Festnahmen (80,7 %), häufig schon im „grenznahen Hinterland" zur eigentlichen Küste des damaligen Bezirkes Rostock. Laut einer Statistik für das Jahr 1979 erfolgten 55,4 % der Festnahmen durch die Volkspolizei und Transportpolizei (Bahn), 18 % entfielen auf die Grenzsicherungskräfte der 6. GBK und 13,7 % auf das MfS.

10,3 % der Festnahmen beruhten auf Hinweisen aus der Bevölkerung (Grenzhelfer).

Mit einer Portion Glück gelang 913 Personen (16,2 %) die Flucht über die im Spätsommer und Herbst noch warme Ostsee. Die häufigsten Fluchtversuche ereigneten sich in der Lübecker und Wismarer Bucht, an den Küstenabschnitten vor Graal-Müritz bis zur Halbinsel Darß sowie der Insel Hiddensee. Zeitliche Fluchtschwerpunkte bildeten die Jahre 1962 (470), 1965 (405), 1971 (350), 1977 (330) und 1988 (270). Zusätzlich gelang es im Zeitraum zwischen 1961 und 1989 1.256 Personen (28 %), sich mit der Fähre oder einem Schiff der Deutschen Seereederei in das westliche Ausland abzusetzen. Die Mehrzahl der zur Republikflucht entschlossenen Bürger (35 %) wagte den Grenzdurchbruch mit einem Paddel- oder Ruderboot. 19 % versuchten, schwimmend und mit leichter Taucherausrüstung die freie See zu erreichen. 6 % riskierten es, nur mit einer Luftmatratze oder Autoreifen auf die „andere Seite" zu gelangen. Sie hofften auf See von vorbeifahrenden Schiffen aufgenommen zu werden. Zum spektakulärsten Versuch, die offene See mit einem ubootähnlichen Fahrzeug zu erreichen, gehört die gescheiterte Tauchfahrt eines Rostocker Diplomingenieurs am 26. August 1980. Urlauber fanden das Klein-Uboot der Marke Eigenbau im flachen Wasser der „Große Wiek" bei Stove (Insel Poel). Erst Kommissar Zufall führte das MfS zu seinem Benutzer. Dieser musste 6 Wochen zuvor seine Tauchfahrt in offener See wegen Steuerungsproblemen aufgeben.

Die vom BGS erst ab 1970 geführte Statistik über die jährlichen Fluchtaktionen und erfolgreichen Durchbrüche von der DDR-Küste in die freie See weicht erheblich von der Statistik der 6. GBK ab. Laut Angaben des westdeutschen BGS gelang 594 Frauen und Männern im Zeitraum von 1970 bis 1989 die Flucht. In der gleichen Zeit registrierte die GBK dagegen 333 erfolgreiche Grenzdurchbrüche.

Die Tragik der nach 1990 bekannt gewordenen dramatischen Fluchtgeschichten über die Ostsee liegt in der Erfolgsquote von nur 16,2 % und der damit in Verbindung stehenden „Statistik des Todes". Die „Arbeitsgruppe Ostsee" der Zentralen Ermittlungsstelle Regierungs- und Vereinigungskriminalität recherchierte 1996, dass seit DDR-Gründung insgesamt 189 Frauen und Männer bei ihrem Fluchtversuch über die Ostsee starben. Davon gelten 54 Frauen und Männer als vermisst. Ihre Leichen wurden nie gefunden. Die Motive für ihre wagemutigen und mitunter abenteuerlichen Fluchtaktionen über die Ostsee lagen im politischen System der DDR, dem sie entrinnen wollten. Sie erhofften sich in der BRD ein besseres Leben in Freiheit und persönlichem Wohlstand. Dafür waren sie bereit, das Risiko des Verrats und Entdecktwerdens, der vorzeitigen Aufbringung in See mit anschließender strafrechtlichen Verfolgung auf sich zu nehmen. Viele unterschätzten bei ihrer Fluchtaktion die Naturgewalten der See. Durch Erschöpfung, Unterkühlung und Ertrinken wurden sie Opfer der See. Der letzte Grenztote an der DDR-Ostseeküste und zugleich Opfer 40-jähriger deutscher Teilung wurde am 22. Mai 1989 gefunden. Der 20-jährige junge Mann hatte noch seine Schwimmflossen an den Füßen.

Insgesamt kamen seit DDR-Gründung 960 Menschen durch die Grenzpolizei bzw. Grenztruppen ums Leben, davon 257 Bürger an der Berliner Mauer und 369 an der innerdeutschen Staatsgrenze. Auch bzw. gerade Grenzsoldaten und NVA-Angehörige nutzten Fluchtgelegenheiten an der grünen und blauen Grenze – der Ostsee. Seit 1961 gelang 361 Soldaten die Fahnenflucht. Etwa 3.000 Uniformierte wurden während ihrer Fluchtaktion gestellt. Bei etwa 2.500 Soldaten flog die Fluchtabsicht vorzeitig durch Aufklärung des MfS auf. Sie wurden verhaftet.

Wach- und Beobachtungsturm

III.

Mit Offizierspatent in den Kalten Krieg – vom Offiziersschüler zum Leitenden Ingenieur, 1968 bis 1972

3.1 Dienstantritt 28. August 1968 an Offiziersschule Volksmarine in Stralsund

An einem sonnigen Augusttag 1968 brachte mich ein wie immer überfüllter D-Zug der Deutschen Reichsbahn von Brandenburg/Havel nach Stralsund. Die altertümliche Stadt am Strelasund war mir aus den Schulferien und von den Eignungstests an der Offiziersschule nicht unbekannt. Diesmal erschien mir jedoch alles anders. Ich war im Begriff, mich vom lockeren Zivilleben zu verabschieden. Was mich bei der VM erwartete, wusste ich nicht. Vorstellungen, Pläne und Hoffnungen hatte ich reichlich.

Der Autor als Offiziersschüler im 1. Studienjahr

Mit mir schleppten sich weitere junge Männer samt Koffer durch das Bahnhofsgebäude zum Vorplatz. Dort warteten schon Lkw vom Typ W 50 auf die Neuankömmlinge. Marineoffiziere winkten uns mit den Worten heran: „Seid ihr die neuen Offiziersschüler? Wenn ja, dann bitte Namen nennen und aufsitzen" Welch ein Service dachte ich, ohne zu ahnen, dass ich die Stadt in den nächsten Wochen nicht wiedersehen würde. Nach der etwa 20 Minuten dauernden Fahrt zur Schwedenschanze, einem Stralsunder Stadtteil in Knieper Nord, wurde es schon militärischer. „Alles absitzen und in Dreierformation antreten!" Ich wunderte mich über die grinsenden Gesichter der Mariner am Tor, die mit Tarnanzug, Stahlhelm und MPi recht kriegerisch wirkten. Was ist denn hier los, ist am Rande Stralsunds der Krieg ausgebrochen? Beim Anblick der in Tarnanzügen umher laufenden Marineangehörigen war ich doch verwundert. Die grün-braun gefleckte Felduniform passte überhaupt nicht zum traditionellen Marineblau. Der hektisch wirkende Dienstbetrieb erzeugte ein mulmiges Gefühl. Nach einer Übung sah das hier alles nicht aus, eher wie eine Militäraktion. Was sich in diesen Tagen südlich des Erzgebirges ereignet hatte, war mir noch nicht bewusst. Die allgemeine Ungewissheit verflog schnell. Der Kompaniechef, Korvettenkapitän Seidenglanz, klärte uns über die brisante militär-politische Lage in Zentraleuropa auf. „Die gesamte NVA und VM wurden am 21. August 1968 in volle Gefechtsbereitschaft versetzt. Alle Schiffe und Boote, Stützpunkte und militärischen Einrichtungen befinden sich seitdem in Alarmbereitschaft. Die Armeen des Warschauer Vertrages sind in die ČSSR einmarschiert, um dort die von imperialistischen Kräften angezettelte Konterrevolution niederzuschlagen. Dadurch wurde der Frieden gerettet. Das gesamte Personal der Offiziersschule befindet sich in einer 30 Minuten-Bereitschaft." Dieser Nachricht folgte eine weitere perfekte Überraschung. Man eröffnete uns, dass wir in dieser Krisensituation möglicherweise in einer Intensivausbildung zum Offizier ausgebildet werden. Was das für ein Schnelllehrgang sein sollte, wussten weder unsere Vorgesetzten noch wir. Das fängt ja gut an. Zum Glück eskalierte die Lage nicht, blieb der scharfe Schuss trotz militärischer Konfrontation von NATO und Warschauer Vertrag aus. Die Alarmbereitschaft für die NVA wurde Mitte September aufgehoben. So schien die Umstellung vom Zivilleben in ein Leben in Uniform wieder ihren normalen Gang zu nehmen. Der Tagesdienstablaufplan für alle 6 Züge des Ausbildungskurses (AK)-68 hatte es in sich. Zum Nachdenken blieb kaum

Zeit. Der Tag fing um 6 Uhr mit einem lauten Pfiff aus der Trillerpfeife an. Wie an Bord erschallte dann das Kommando: „Reise – Reise – alles aufstehen, raustreten zum Frühsport, Anzugsordnung Turnhose!" Innerhalb von 5 Minuten hatte alles draußen im Freien zu stehen. Der Frühsport dauerte 25 Minuten. Meistens mussten wir im Objekt 3.000 Meter laufen. Da wurde einem schnell warm. Nach dem Waschen und Kojenbau ging es häufig im Laufschritt zum Backen und Banken. „In Reihe einrücken – Platz nehmen – Mahlzeit!" Nach 15 Minuten kam das Kommando: „Alles auf – im Laufschritt raustreten!" Laut Befehl musste ab 3 Personen im Objekt marschiert werden. Dienstgradhöhere waren mit Hand zur Mütze bzw. Käppi zu grüßen. Um 7.30 Uhr begann im Lehrgebäude die Ausbildung, die unter Abzug der Mittagspause einschließlich Selbststudium bis 17.45 Uhr andauerte.

In den ersten Wochen der Grundausbildung hatten „dienstgeile" Obermaate über uns neue Offiziersschüler das Exerzierkommando. Von früh bis spät klangen einem immer die gleichen einsilbigen Kommandos in den Ohren: „Stillgestanden – links bzw. rechts um – hinlegen – alles auf – Offiziersschüler Pfeiffer vortreten – ganze Abteilung kehrt – im Laufschritt sowie Gewehr ab – präsentiert das Gewehr – Atomalarm, Schutzausrüstung anlegen – Gas, Schutzmaske anlegen!"

Meine Kameraden und ich hatten davon bald die Nase voll. Ich konnte nicht akzeptieren, dass so geistig unterbelichtete „Vorgesetzte auf Zeit" uns den ganzen Tag herumkommandieren. Ich machte meinem Ärger Luft und beschwerte mich in Vollmacht meiner Kameraden über diesen widersinnigen Drill, an dem die Obermaate auch noch ihren Spaß hatten. Diese Interessenvertretung brachte mir für beide Züge des AK-68 in der Sektion Schiffsmaschinenoffiziere den Posten des Parteisekretärs ein. Nun wurden die Obermaate vorsichtiger und dachten sich für Genossen Pfeiffer besondere Späßchen aus. Die Devise hieß: „Umziehen nach Zeit und dabei singen!" Um keine Befehlsverweigerung zu riskieren, machte ich zunächst diesen Blödsinn mit. Bis dahin wusste ich noch nicht, wie schnell man von einer Anzugsordnung in die andere wechseln kann. z. B. von der Ausgehuniform in die Sportbekleidung und von der wiederum in die Paradeuniform oder vielleicht in den Schlafanzug. Nachdem ich mich vorschriftsmäßig im Sportdress meldete, kam das Kommando „Kampfanzug anlegen", mit allerlei Klimbim, wie Teil I und II, Schutzanzug, Gasmaske und Stahlhelm. Dies war zugleich für die Obermaate die letzte Amtshandlung. Um nicht weiter zu verblöden, schrieb ich eine Parteiinformation mit Eilvermerk. Diese hatte durchschlagende Wirkung. Diese „Ausbilder“ wurden durch Offiziere ersetzt. Nun wusste man, dass wir als zukünftige Ingenieure in der Tat der „Intelligenz-Nachwuchs“ der Flotte sind. Dennoch blieben Zweifel. Ich konnte mir einfach nicht vorstellen, dass solche Exerziernormen für den Dienst an Bord von Bedeutung sein sollten. Bei Atomalarm unter Deck mit komplett angelegter Schutzausrüstung hantieren zu müssen, empfand ich als völligen Blödsinn. Zum Glück hörte der Spuk nach 6 Wochen auf. Parallel klärte man uns über den Ernst der militär-politischen Lage auf. Einige bekamen deshalb kalte Füße. Sie weigerten sich, den Fahneneid abzulegen oder die Verpflichtung als „Offizier auf Zeit“ zu unterschreiben. Etwa 25 Mann dankten ab und packten wieder ihre Koffer. Sie „schruppten“ die restliche Zeit als „18-Monate-Matrosen“ in irgendwelchen Wachkompanien bzw. sicherstellenden Einheiten ab.

In besonders unangenehmer Erinnerung geblieben ist mir ein ehemaliger Jugendfunktionär der FDJ aus Dresden. Er nutzte jede Gelegenheit, um sich mit großen Reden und Agitationssprüchen als 100%iger Genosse in Szene zu setzen. Donnerwetter dachte ich, der ist ja bis in die Haarspitzen motiviert. Was er predigte, waren politische Phrasen hoch drei. Eines Tages weilte er nicht mehr unter uns, er hatte sich abgesetzt. Der Offiziersberuf wurde dem „Genossen“ nach den Prager Ereignissen doch zu heiß. Er hatte sich den Marinejob wohl anders vorgestellt, eher in der Art, wie ihn Hans Albers in seinen Shantys besang.

Von den etwa 146 jungen Männern, die Ende August 1968 zur Offiziersschule angereist waren, verabschiedeten sich circa 50 Offiziersschüler im Verlauf des 4-jährigen Studiums wieder ins Zivilleben. Eine Zäsur bildete dabei das Flottenpraktikum am Ende des 2. Studienjahres. Einige legten genau nach Ablauf von 18 Dienstmonaten die Karten auf den Tisch und reichten ihr Entlassungsgesuch ein.

Ich absolvierte das 4 Wochen dauernde Praktikum zum „Mot.-Maat“ im Mai/Juni 1970 auf einem mittleren Landungsschiff 512 vom Typ ROBBE (Projekt 47). Es gehörte zum Bestand der 1. Flottille in Peenemünde und lag mit drei weiteren Landungsschiffen im Ausweichhafen Lauterbach auf Rügen. Die zivile Hafenanbindung und Nähe zur Stadt Puttbus mit ihrem reichlichen kulturellen Freizeitangebot, den hübschen Studentinnen und tollen Parkanlagen wertete ich als einen Gewinn, die Atmosphäre an Bord dagegen als enttäuschend. Zum Unteroffiziersteam an Bord fand ich guten Kontakt, zum Kommandanten leider nicht. Der etwas zu dick geratene Kapitänleutnant vertrat die Ansicht, die Offiziersschüler an den Wochenenden verstärkt zum Wachdienst einsetzen zu können, damit die Stammbesatzung in Kurzurlaub fahren konnte. Ich dagegen wollte hier etwas lernen und machte mich intensiv mit der Maschinenanlage vertraut. In dem leitenden Maschinisten, einem Unteroffizier, fand ich dabei einen hilfreichen Partner. Die meiste Zeit lagen wir im Hafen und paukten Theorie und Dienstvorschriften. Nur einmal ging es raus auf See zur Abteilungsübung im Seezielschießen mit dem 57 mm Buggeschütz, einer Doppellafette vom Typ SIF-31B. Das hat mich sehr beeindruckt, vor allem, wie die im Geschütz hantierenden Männer die laute Knallerei aushielten. Die Trefferquote auf der Schleppscheibe war sehr gut. Für meine „Teilnahme" am Artillerieschießen erhielt ich zwei Messing-Kartuschen als Andenken geschenkt. Im Gegensatz dazu vermerkte der Kommandant in meiner Personalakte: „Das Ziel des Bordpraktikums wurde nicht erreicht. Offiziersschüler Pfeiffer vernachlässigte den fachlichen Teil seiner Ausbildung. Die hier gezeigten Leistungen können nicht befriedigen." Damit war ich nicht einverstanden. Ich revanchierte mich mit einer Eingabe über die Mängel in der Führungstätigkeit des Kommandanten und Abteilungschefs.

Von einer sinnvollen Freizeitgestaltung war in der Abteilung kaum etwas zu merken. Die Gaststätte „Rosengarten" in Puttbus war allgemeiner Anlaufpunkt der Marinesoldaten. Der Alkoholausschank dürfte in diesen Wochen Rekordmarken erreicht haben. Meine Kritiken und Vorschläge fanden Gehör. Es erschienen zwei Offiziere aus der 1. Flottille und untersuchten „den Fall". Ich nahm kein Blatt vor den Mund und prangerte die Missstände an Bord und in der Abteilung schonungslos an. Andere Abteilungsangehörige schienen wohl nur auf diesen Moment gewartet zu haben. Die anschließenden Versetzungen und Bestrafungen lassen vermuten, dass die beiden Offiziere weitere Unzulänglichkeiten herausfanden.

Mit Rückkehr an die Offiziersschule wusste man dort bereits über den von mir verursachten Wirbel in der Landungsschiffabteilung Bescheid. Trotzdem musste ich über die Ereignisse einen Bericht schreiben. Kaum angekommen, bemerkten wir, dass sich in Stralsund gravierende Veränderungen anbahnten. Die Marine-Lehreinrichtung erhielt ab dem 1. September 1970 den Status einer militärischen Hochschule. Damit in Verbindung wurden neue militärische Strukturen und Studienpläne eingeführt. Die Kriterien an die Lehrausbildung erreichten ein höheres Niveau. Die Studieninhalte der Ingenieur-technischen, seemännischen und gesellschaftswissenschaftlichen Ausbildung waren in etwa mit denen an zivilen Fachhochschulen vergleichbar. Von nun an bildete die Diplom-Prüfung in der jeweiligen Fachrichtung den Abschluss des 4-jährigen Studiums. In den Führungsstab samt Unterabteilungen wechselten neue Offiziere. Konteradmiral Heinz Irmscher übernahm von Kapitän zur See Fritz Notroff das Kommando über die höchste Bildungseinrichtung in der VM. Man spürte förmlich, hier vollzog sich ein qualitativer Wandel, der auch diverse Personal-Veränderungen einschloss. Mit Beginn des 3. Studienjahres änderte sich auch unsere Marieuniform. Anstelle des Matrosenoutfits mit den Offiziersschülerwinkeln am Ärmel erhielten wir nun die Meisteruniform mit Jacke, Hose, Hemd, Schlips und Schirmmütze. Man fühlte sich wie in einem Anzug.

Die höheren Studienanforderungen und widersprüchlichen Erlebnisse aus dem Bordpraktikum nahmen weitere Offiziersschüler zum Anlass, um ihr Entpflichtungsgesuch einzureichen. Wegen der andauernden Fluktuation mussten im „AK-68“ der Sektion „Seeoffiziere“ einige Lehrgruppen zusammengelegt werden. Wir in der Sektion „Schiffsmaschinenoffiziere“ schrumpften dagegen „nur“ von anfänglich 44 Mann auf 35.

Das Studium erforderte neben persönlicher Motivation und Willenskraft auch die Einsicht, persönliche Entbehrungen vorübergehend zu akzeptieren und unliebsame Maßnahmen im Dienstbetrieb zu meistern. Wer glaubte, hier lediglich für seine Qualifikation zum Diplom-Ingenieur (FH) studieren zu wollen und in der knapp bemessenen Freizeit am Strelasund in der Sonne liegen zu können, lag falsch. Die mit Terminen vollgestopften Wochenpläne beinhalteten auch zahlreiche militärische Ausbildungselemente. So zum Beispiel MPi- und Pistolenschießen bei Tag und Nacht, Waffenreinigen, Handgranatenwerfen, Sturmbahn- und Härtekomplex, Tages- und Nachtmärsche unter voller Ausrüstung, medizinische und ABC-Ausbildung mit Dichtheitsprüfung im Gasraum sowie die Brand- und Leckbekämpfung im Leckwehrkabinett. Auf dem Gebiet der Seemannschaft beherrschte ich an die 20 Knoten. Auch als „Ingenieur auf See“ brauchte man die Befähigung zum Führen einer Motor-Barkasse und eines Kutters „K-10“.

Mitunter gewann ich im Verlauf der vier Jahre den Eindruck, an einer Sportschule zu studieren. „Militärische Körperertüchtigung“ – MKE

– wurde zu jeder Jahres- und Tageszeit groß geschrieben. Neben dem obligatorischen Frühsport und den wöchentlichen 2x2 Doppelstunden Sport fanden diverse Sportwettkämpfe, Turniere und Mehrkämpfe statt. Zu den Disziplinen in der Leichtathletik gehörten Weit- und Hochsprung, Kugelstoßen, Speerwerfen, Handgranatenweit- und Zielwurf sowie Läufe auf den Strecken 100, 200, 400, 1.000, 3.000, 5.000 und 10.000 m. Das Geräteturnen in der Sporthalle beinhaltete den Pferd- und Kastensprung, das Reck-, Ringe- und Barrenturnen, Seilklettern, Gewichtheben sowie Bodenturnen. Im Sommer war selbstverständlich Schwimmen, Turmspringen und Tauchen in der hauseigenen Steganlage im Strelasund angesagt. Hier absolvierte ich auch die Qualifikation als Rettungsschwimmer der Stufe III und II. Hinzu kam der Seesport mit Segeln im K-10 und Kutter-Pullen bis zur Erschöpfung. All das trug dazu bei, Körper und Geist fit zu halten. Gewichtsprobleme wie heute bei einem Teil der Bundeswehrsoldaten gab es bei uns nicht. Da ich schon den Segel-Befähigungsnachweis und solide Segelpraxis auf den heimatlichen Brandenburger Seen vorweisen konnte, wurde ich häufig als Skipper eingesetzt. Wir bildeten ein starkes Team und belegten in den Wettkämpfen vordere Plätze. Für den an der Offiziersschule 1970 gedrehten DEFA-Spielfilm „Hart am Wind" qualifizierten wir uns in den Dreharbeiten zum Starkomparsenteam. Wir legten uns mächtig ins Zeug, mussten schwitzen, obwohl uns gar nicht danach war. Oftmals schrieb der Wind sein eigenes Drehbuch.

Neben der fachspezifischen Ausbildung in Maschinenkunde galt mein Interesse der gesellschaftswissenschaftlichen Ausbildung und hier besonders den Fachgebieten Philosophie, Geschichte, Militärpädagogik und -psychologie. Mit Begeisterung studierte ich Kant, Hegel, Fichte und Feuerbach sowie Marx und Engels, Lassalle, Bebel oder Kautsky. Intensiv beschäftigte ich mich mit der deutschen Geschichte seit den Befreiungskriegen 1813/14. Scharnhorst, Gneisenau, Clausewitz und Stein interessierten mich ebenso wie Otto von Bismarck, Kaiser Wilhelm II, die Admirale Brommy, Tirpitz, Reader und Dönitz sowie die Offiziere des 20. Juli 1944. Mit großer Begeisterung und Studienintensität absolvierte ich die Studieninhalte zur deutschen Nachkriegsgeschichte. Dies sollte, obwohl ich es damals natürlich noch nicht ahnte, großen Einfluss auf meine weitere Entwicklung nehmen.

Dagegen betrachtete ich die langweiligen Theorien des „Wissenschaftlichen Kommunismus" oder der „Politischen Ökonomie" schon damals als brotlose Kunst. Das Scheitern des Sozialismus „Made in GDR“ sollte mir später recht geben.

Ehemaliges Stabsgebäude an der OHS der VM „Karl Liebknecht“

3.2. Einarbeitungspraktikum als Wachingenieur auf Minensuch- und Räumschiff

Das 4. Studienjahr beinhaltete ein 5-monatiges Praktikum. Ich hatte Glück und kam in die 4. Flottille in Warnemünde auf ein MSR-Schiff des Projektes 89.2. Über die Standort- und Schiffstyp-Entscheidung freute ich mich sehr. Ich hätte ja auch nach Dranske, dem Kamtschatka der DDR oder nach Peenemünde kommandiert werden können. So landete ich in einem der beliebtesten Seebäder an der DDR-Ostseeküste mit guter Infrastruktur, reichhaltigem Kultur- und Konsumangebot sowie florierendem Wohnungsbau. Der Kommandeur der Sektion „Schiffsmaschinenoffiziere" überreichte jedem Praktikanten eine individuelle Aufgabenstellung zur Einarbeitung als Wachingenieur (WI) – der künftigen 1. Offiziersdienststellung. Das Einarbeitungspraktikum schloss mit der WI-Prüfung ab, die sich in fünf Komplexe gliederte. Neben einem umfassenden theoretischen, parteipolitischen Teil beinhaltete der 2. Teil jene Schwerpunkte, um die es eigentlich fachspezifisch ging. Dazu zählten: Schiffsaufbau Projekt 89.1. und 89.2, Hauptantriebsanlage Typ D 40, Hilfsmaschinen, Betriebsstoffsysteme (DK, ÖL, Luft, Süß- und Seewasser), Bunker-, Tank- und Zellenplan, E-Anlage, Mittel und Methoden der Schiffssicherung, Dienstorganisation im GA V sowie Grundlagen des Dienstes an Bord und des Schiffsmaschinendienstes. Schwerpunkte des praktischen Teils waren: praktisches Fahren in See, Durchführung von Funktionsproben, Handlungen bei Störungen und Havariesituationen, Ausarbeitung einer Abschnittsgefechtsübung mit See- und Gefechtsklarmachen, Leck- und Brandbekämpfung sowie Maßnahmen zur Aufrechterhaltung des Maschinenbetriebes in See.

MSR Typ KONDOR II, Projekt 89.2.

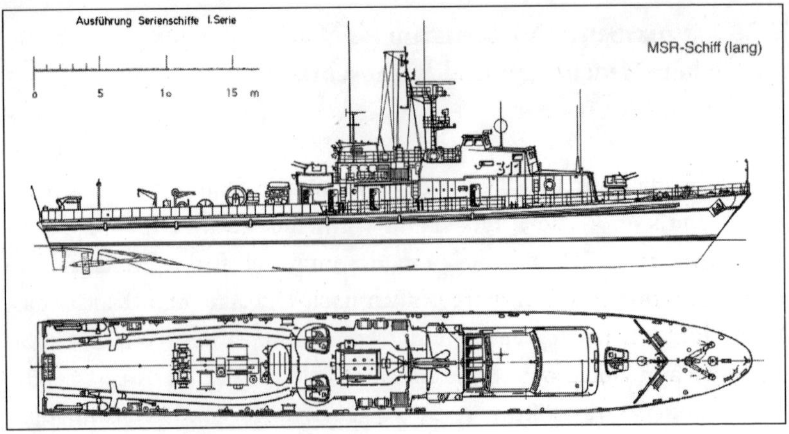

Am 13. Mai 1972 trafen wir mit dem Lkw in Warnemünde ein. 6 Offiziersschüler kamen in die 4. Sicherungsbrigade und 4 Mann in die 6. Grenzbrigade Küste. Ich hatte Glück. „Mein" MSR war ein super modernes, erst vor einigen Monaten von der Peenewerft in Wolgast an die VM ausgeliefertes Schiff. Es trug den Städtenamen KYRITZ, einer Kleinstadt im Land Brandenburg. Der Kommandant, Oberleutnant Möller, hieß uns an Bord willkommen. Meinen direkten Vorgesetzten, den Leitenden Ingenieur (LI) Leutnant Zetzmann, kannte ich noch von der Offiziershochschule. Ein stattlicher, sympathischer Typ von etwa 1,90 m Körpergröße, leidenschaftlicher Handballspieler und „F6"-Kettenraucher. Er nahm den Dienst an Bord sehr genau, war ein perfekter Fachmann und hütete die Maschinenanlage wie seinen Augapfel. Das konnte ich von mir als „Neuer" an Bord noch nicht behaupten. Die Stabsmatrosen und Maate der Stammbesatzung kannten sich an Bord verständlicherweise besser aus als ich. Ich musste und wollte dieses Defizit so schnell wie möglich ausgleichen. Also lautete die Devise, lernen und bei Unklarheiten Fragen stellen. Wer viel fragt, bekommt bekanntlich auch mal alberne Antworten und hat traditionell einige kuriose „Bordprüfungen" zu bestehen. Das war in der Marine schon immer so. Den Trick mit dem zum panierten Schnitzel gebratenen Waschlappen kannte ich schon. Der aus getrockneten Kakerlaken gemahlene „Bohnenkaffee" war mir auch bekannt. Dann erwischte es mich aber doch, zudem völlig unvorbereitet, nach dem Bordfrühstück in See. Ich bemerkte zu spät, dass meine Teekanne mit reichlich Abführmittel „gezuckert" war. Es muss wohl eine ziemliche Überdosis gewesen sein, denn die Wirkung war für mich verheerend. Es kam

oben und unten raus. Ich bekam eine ungefähre Vorstellung von einer Seekrankheit, nur mit dem Unterschied, dass die See ruhig war und ich mich in innerer Auflösung befand. Meinen Totalausfall empfand ich als eine Blamage. Wegen des Missgriffs in der Dosierung entschuldigte sich der LI vor der kompletten Besatzung. Diesem Streich sollte bald der nächste folgen. Diesmal unter reger Mitarbeit des Maschinenpersonals. Eines Tages auf See sagte der LI zu mir: „Offiziersschüler Pfeiffer, ich glaube, die Abdeckklappen im Abgasschacht klemmen. Die Abgase ziehen schlecht ab. Klettern Sie mal bei langsamer Fahrtstufe in den Abgasschacht und sehen dort nach". Angeblich sollten sich da zwei Seilzüge befinden, über die der Klappenmechanismus betätigt wird. Das ist ja komisch, davon hatte ich noch nie etwas gehört. Weil ich mich noch nicht so recht auskannte, befolgte ich seine Weisung. Ich dachte mir, schließlich muss es der LI ja wissen. Ich fand tatsächlich die Seilzüge. Ein kräftiger Ruck und das Problem sollte behoben sein. Alles wirkte so echt, dass ich keinen Scherz vermutete. So nahmen die Dinge ihren Lauf. Kaum hatte ich die Seile in der Hand, da ergoss sich über mich ein kräftiger Schwall von eiskaltem Seewasser. Unbemerkt hatten sich ein paar Meter über mir Matrosen postiert und öffneten den C-Schlauch. Ich war klitschnass und um eine Erfahrung reicher. Ich meldete dem LI mit zerknirschtem Gesicht Vollzug: „Alles OK." Die Männer hatten ihren Spaß, ich den meinen darauf aber auch. Ich bekam die Männer zu einer Abschnittsgefechtsübung zugeteilt. Für die Brand- und Leckbekämpfung erdachte ich Einlagen, die bisher so real noch nie trainiert wurden. Ich ließ kräftig qualmende Brandherde imitieren, die man unbeschadet nur mit richtig angelegter Schutzausrüstung bekämpfen konnte. Das Trainingselement „Leckbekämpfung" im Leckwehrkabinett an Land hielt überraschende Situationen mit intensiven Wassereinbrüchen bereit. Meine Männer bewältigten die Leckagen mit großem Einsatz. Dabei stand ihnen das Seewasser fast bis zum Hals. Dieses Gefechtstraining dürften sie dann wohl bis zum Dienstende nicht vergessen haben. Trotz dieser Späße habe ich in den fünf Monaten an Bord viel gelernt und reichlich Erfahrungen sammeln können. Ich war von der modernen Technik dieses Schiffstyps begeistert und beherrschte schon bald die Betriebsführung im Maschinengefechtsabschnitt. Der Flottenalltag gefiel mir viel besser als die Theorie an der Offiziershochschule.

MSR Projekt 89.2 KONDOR II

Die WI-Prüfung nahte. Der Vorsitzende der Prüfungskommission, ein Fregattenkapitän, war zugleich Oberoffizier der 4. Flottille für Schiffsmaschinenanlagen. Sowohl den theoretischen als auch praktischen Teil der WI-Prüfung absolvierte ich mit „Befriedigend". Im Prüfungsteil „militärischer und politischer Ausbilder in der VM" erhielt ich ein „Gut". Einen Tag vor unserer Abfahrt nach Stralsund gab man uns Offiziersschülern die Einsatzzusage als WI auf einem MSR Projekt 89.2. An der OHS verblieben nur wenige Tage zur Vorbereitung auf die Prüfung als Diplom-Ingenieur (FH) für Schiffsmaschinenoffiziere (Schiffsbetriebstechnik). Auch diese legte ich mit „Befriedigend" ab.

Nun fehlten nur noch die Leutnant-Schulterstücke. Diese wurden uns am 29. September 1972 zur feierlichen Offiziersernennung auf dem Stralsunder Leninplatz verliehen. Dazu hatte ich meine Verlobte und meinen Vater eingeladen. Das militärische Zeremoniell fand in Anwesenheit Hunderter Stralsunder Bürger statt. Zum Glück klappte trotz des starken Windes alles. Ich erhielt die Ernennungsurkunde vom damaligen Chef der Politischen Hauptverwaltung, Admiral Waldemar Verner. Anschließend gratulierten der Chef der VM, Vizeadmiral Wilhelm Ehm und der Kommandeur der OHS VM, Konteradmiral Heinz Irmscher.

Den Marineehrendolch überreichten uns Lehroffiziere der OHS. Bald darauf stürmten Kinder die angetretene Leutnant-Formation und überreichten Blumensträuße. Nun waren wir komplett. Nach dem Vorbeimarsch an der Tribüne kam der Auflösungsbefehl. Die Familienangehörigen, Freunde oder Bekannte warteten schon. Mein Vater traf dort zufällig den Brandenburger Redakteur der „Märkischen Volksstimme“, der über das Zeremoniell berichtete. Immerhin kamen vier Leutnants aus Brandenburg. Ohne es zu bemerken, machte er mehrere Fotos meiner Ernennung und knipste auch den Begrüßungskuss meiner Verlobten. Nach einigen Tagen fanden wir uns so in der Brandenburger Zeitung wieder.

Nach einer schönen Absolventenfeier im Stralsunder Haus der NVA am Alten Markt unternahmen wir eine kleine Bootsfahrt mit der „Weißen Flotte“ auf dem Strelasund. Ich war glücklich, dass ich den Lebensabschnitt geschafft hatte und freute mich über meine 1. Offiziersdienststellung in der 4. Flottille. Für ein paar Tage bekam ich Heimaturlaub. Gemeinsam mit meiner Verlobten, die in Berlin Medizin studierte, schmiedeten wir Pläne, wo und wie wir künftig zusammenleben könnten. Dazu bot Rostock-Warnemünde gute Standortbedingungen. Wohnungen waren aber damals knapp.

Offiziersernennung „AK 68" am 29. September 1972 auf Leninplatz Stralsund; Glückwünsche durch Admiral Waldemar Verner, Vizeadmiral Wilhelm Ehm und Konteradmiral Heinz Irmscher (v.r.n.l.)

3.3 Leutnant ohne Hurra-Stimmung – 1. Offiziersdienststellung auf U-Jagdschiff Typ 201-M „421" SPERBER

Hurra, ich bin Marineoffizier und setze damit eine Familien-Marinetradition fort. Nach den Erzählungen meines Vaters, der im Krieg vier Jahre auf Zerstörer Z-24 unter Kommandant Salzwedel und Birnbacher (später Konteradmiral der Bundesmarine) zur See fuhr, galt die Marine als etwas Besonders. Hier dienten technisch und seemännisch versierte Männer mit starkem Wir-Gefühl, kommandiert von Vorgesetzten, auf deren Wort man zählen konnte. Kameradschaft an Bord und absolute Verlässlichkeit in See gehörten zu den Marinetugenden. Beide Eigenschaften galten als ungeschriebene Gesetze der Männer im blauen Tuch.

Inzwischen waren 30 Jahre vergangen und wir schrieben den 10. Oktober 1972. Bei meiner Ankunft in der 4. Flottille und Meldung im Flottillenstab wollte keine Hurra-Stimmung aufkommen. Dazu waren die uns vorauseilenden „vertraulichen" Nachrichten über die künftige Einsatzverwendung zu schlecht. Die uns gegebene Einsatzzusage als WI an Bord eines MSR vom Projekt 89.2. sollte sich in Wahrheit als Beruhigungspille erweisen. Nach dem Willkommensgruß und Glückwünschen zur Offiziersernennung wurde uns drei jungen Leutnants der Personalbefehl verlesen: „Einsatz als Leitender Ingenieur (LI) auf einem U-Jagdschiff, Typ 201-M, in der 2. U-Jagdabteilung". Die Überraschung war perfekt. Wir wussten aus dem Praktikum, dass sich in deren Bestand vier veraltete russische U-Jagdschiffe vom Typ 201-M befanden. Der überstürzte Aufbau der 2. U-Jagdabteilung begann im August 1972. Zuvor übergab die VM 1965/66 alle U-Jagdschiffe des Typs 201-M an die 6. GBK zur Verstärkung der Grenzsicherungskräfte. Hoher Verschleiß führte jedoch schon ab 1971 zur Außerdienststellung von acht Schiffen. Wegen der angeblich von der Bundesmarine ausgehenden Uboot-Gefahr im Ostseeraum reaktivierte die VM im Sommer 1972 vier U-Jagdschiffe. Bis 1976 gehörten sie als 2. U-Jagdabteilung zur 4. Sicherungsbrigade (SB) in Warnemünde. Trotz der längst erreichten Nutzungsdauer und technischen Veralterung ging man das Risiko für eine aufwendige Weiterbetreibung ein. Damit begann für die 2. U-Jagdabteilung im Marinestützpunkt Warnemünde ein personelles und technisches Dilemma. Nach ihrem Einsatz vor der Ostseeküste sollten sie ab sofort nach dem Willen der Marineführung Uboote orten, jagen und notfalls bekämpfen. Zur Abteilung gehörten die Schiffe SPERBER (421), HABICHT (422), WEIHE (423) und KORMORAN (424). Ich erhielt meine erste Bordverwendung auf dem Führerschiff SPERBER mit der Bordnummer 421. Zum Bestandteil des Personalbefehls gehörte auch eine Erläuterung über die militärische Notwendigkeit unseres Einsatzes. Ich glaubte, mich verhört zu haben. Man hatte uns bewusst getäuscht. Mir fielen sofort die Worte meines Vaters ein. Was galt heute das Wort eines Marineoffiziers im Vergleich zu 1942? Für mich brach eine Welt zusammen. Ich fühlte mich im Augenblick der Befehlsverkündung miserabel. Vergleichbar vielleicht mit der Situation wie in einem Flugzeug: Ich hatte zwar das Ticket als Passagier, sollte jedoch im Cockpit im Pilotensessel Platz nehmen und dessen Funktion übernehmen. Mir blieb jedoch damals als junger Leutnant keine andere Wahl. Die Alternative bei Ablehnung hieß dienstliche Maßregelung mit der Konsequenz der Abschiebung in eine Laufbahnsackgasse, bevor es eigentlich richtig losgehen sollte. Offensichtlich fand sich unter den alten LI-Hasen kein geeigneter Marineoffizier, der den Job auf dem russischen U-Jäger „421" machen wollte. Der Schock über die Eröffnung des Einsatzes war mir wohl anzusehen. Deshalb schoben die Stabsoffiziere gleich noch ein politisch-ideologisches Argument hinterher: Wir haben einen (SED)Partei-Auftrag zum Schutz des Sozialismus zu erfüllen. Geeignetere Genossen als uns gäbe es nicht. Ob das ein Lob oder Hinweis auf unsere frische Dipl.-Ingenieur-Qualifikation war, konnte ich damals nicht beurteilen. Die Situation war in der Tat ungewöhnlich. Normalerweise mussten sich andere Offiziere in der Flotte erst zur LI-Dienststellung hochdienen. Ich dagegen erhielt diese sofort. Selbstverständlich verfehlte die materielle Verlockung nicht ihre Wirkung. Als LI mit der Dienststellung Korvettenkapitän brachte ich es zu einem monatlichen Anfangsgehalt von etwa 1.300 Mark (LI-Funktion plus Führungszulage und Leutnantgehalt). Hinzu kam noch eine Bord- und Seezulage.

Salve aus reaktiven Wasserbombenwerfer Typ RBU-1200 eines U-Jagdschiffes 201-M

Begrüßung an Bord

An Bord wurde ich bereits samt meinem Seesack sehnsüchtig erwartet. Mein Kommandant und Vorgesetzter, Kapitänleutnant Horst Wilhelm, erwies sich als ein sehr erfahrener Seemann. Er gehörte zu den besten Seeoffizieren in der 4. Flottille. Alle U-Jagdübungen im ATAKA-Kabinett an der Offiziershochschule in Stralsund in Vorbereitung auf den scharfen Ostsee-Einsatz absolvierte er als bester Kommandant. Das sollte sich dann auch so auf See erweisen. Auf mich wirkte der Kaleu ruhig und besonnen. Hektik schien für ihn ein Fremd-, Ordnungssinn dagegen ein Lieblingswort zu sein. Ich spürte von Anbeginn, dass man sich auf ihn in jeder Hinsicht verlassen könne, was ja für mich als unerfahrener Mariner sehr wichtig war. Im Gegensatz zu anderen barsch auftretenden Offizieren gab er mir die Chance zur Eingewöhnung in meine Borddienststellung. Diesen Vertrauensvorschuss wollte ich so gut es ging rechtfertigen. Im Umgang mit der Besatzung hatte der Kommandant eine fast väterliche Art. Was ihn aufbrachte, waren die vielen technischen Defekte an Bord und die häufige Dienstanwesenheit als Diensthabender der Abteilung oder als Bereitschaftsschiff.

Die aus verschiedenen Schiffseinheiten der 4. Flottille für die Personalbesetzung meines U-Jagdschiffes zusammengewürfelte Besatzung, war fast genauso neu an Bord wie ich. Man merkte den erfahrenen Stabsmatrosen und Maaten jedoch ihre anfängliche Reserviertheit gegenüber dem frisch gebackenen Leutnant und Vorgesetzten an. Mein Staunen über die primitive Bordausstattung quittierten sie mit einem Lächeln. Man konnte förmlich ihre Gedanken lesen: „Mal sehen, wie lange der das hier aushält?“ Was uns alle an Bord einte, war die gleiche

Herausforderung, das Schiff mit seinem technischen und hydroakustischen Schrott zu beherrschen.

Als ich dann zum erstenmal meine „Bord-Wohnung“, die LI-Kammer, betrat, glaubte ich meinen Augen nicht zu trauen. Diese befand sich direkt neben dem 8-Mann-Unteroffiziersdeck und ähnelte einer besseren Gefängniszelle. Sie hatte die Länge der Koje von etwa 1,90 m und war ca. 1,50 m breit. Der Kleiderschrank in Form einer Backskiste befand sich unter der Koje. Als Stauraum für die Uniform und etwas Wäsche diente ein kleiner Spind an der Bordwand. In dieser kleinen Kammer hatte noch ein Bordschreibtisch Platz, vor dem ein Drehstuhl mit Kunstledereinfassung stand. Mir fiel sofort auf, dass das Glasoberlicht an der Decke zugepönt war. Durch diese Tarnmaßnahme sollte keine Innenbeleuchtung ans Oberdeck gelangen, um so die optische Erkennung für den Gegner bei Nacht zu erschweren. Welch ein Widersinn, dachte ich. Durch die lautstarke Maschinenanlage war der U-Jäger auf See sowieso meilenweit zu hören. Die Tarnmaßnahme erübrigte sich von selbst. Mein 1. Befehl an Bord lautete, die Farbanstriche an den zugepönten Oberlichtern zu entfernen. So kam wieder etwas Tageslicht ins triste Bordleben unter Deck.

Unter Deck hatte alles einen Ausstattungsgrad nach Uboot-Mentalität. Dass bei einer derartig niveaulosen Unterbringung, die ja für Monate oder Jahre das Lebensumfeld der Besatzung bildete, keine Dienstfreude aufkommen wollte, lag auf der Hand. Um vom Unteroffiziersdeck im Vorschiff zum Mannschafts-WC/-Dusche nach Achtern zu gelangen, musste man über das Oberdeck in Richtung Achterschiff laufen. Bei Seegang mit überkommender See war das Oberdeck gesperrt. Also bewegten sich alle Unteroffiziere und der LI durch die Kammer des Bootsmanns. Diese hatte ein Decksluk mit Zugang in die Brücke. Nur dem Koch war es aus hygienischen Gründen gestattet, das Offiziers-WC/-Dusche im Deckshaus zu benutzen.

Wegen der fehlenden praktischen Erfahrung hatte ich anfänglich auf dem U-Jäger so etwas wie einen Leutnant-Bonus. Um die Anfangszeit dennoch ohne Regressnahme oder Bestrafung zu überstehen, schwor ich, vom ersten Tag an Bord das Maschinentagebuch, auch umgangssprachlich als „GA V-Fibel“ bezeichnet, penibel zu führen sowie auf eine exakte Einhaltung sämtlicher Betriebs- und Wartungsvorschriften zu achten. Diese für Mensch und Technik gleichermaßen wichtige Einstellung sollte mir nicht nur Freunde einbringen.

Der Termin für die LI-Prüfung war für Anfang Dezember 1972 angesetzt. Mir verblieben lediglich sechs Wochen, um mich in einer „z. B. V.-Dienstverwendung“ für die Aufgabe fit zu machen. An Wochenend-Heimfahrten nach Brandenburg war nicht zu denken. Lernen, lernen und nochmals lernen, lautete damals die Devise. Zur Einarbeitung in die technischen Anlagen standen uns erfahrene Ing.-Offiziere aus der 4. Sicherungsbrigade zur Seite. Gemeinsam kamen wir den Tücken der Technik auf die Spur. Obwohl wir noch gar nicht einsatzbereit waren, musste dennoch eine permanent hohe Gefechtsbereitschaft durch stete Dienstanwesenheit gewährleistet werden.

Einen Trost gab es dennoch. Der U-Jäger russischer Produktion hatte als Hauptantriebsmaschine den „D 30“ an Bord. Dieser ähnelte sehr dem auf MSR installierten Motor vom Typ „D 40“. Hierbei handelt es sich um leistungsstarke, nahezu unverwüstliche russische Dieselmotoren. Sie kamen auch in den Dieselloks der Baureihe 220 „Taigatrommel“ und Baureihe 232 der Deutschen Reichsbahn zum Einsatz. Dagegen entpuppte sich die E-Anlage „Made in UdSSR“ als ein Buch mit 7 Siegeln. Da es keine E-Schaltpläne über den Kabelverlauf an Bord gab, fertigten wir uns diese Pläne nach den Erzählungen des Stammpersonals selbst. Die Praxis lehrte uns jedoch, dass die Stromkreise mitunter einen anderen Fluss nahmen, als durch den Leitungsverlauf vorgegeben. Ab und zu kam es vor, dass man sprichwörtlich unter Strom stand. Zum Glück konnte ich als ausgebildeter Elektromonteur einige Volt vertragen.

Autor als Kapitänleutnant an Bord des Schulschiffes S-61

IV.

Fahnenfluchtversuche in der VM im Fadenkreuz des MfS

4.1. Gruppen-Fahnenfluchtversuch mit U-Jagdschiff „421“ SPERBER, Typ 201-M im August 1973

Als ich mich 1973 als junger Leutnant an einem sonnigen Augustmorgen nach dem Urlaub wieder an Bord meldete, deutete zunächst nichts darauf hin, dass kurz zuvor das MfS in einer spektakulären Aktion eine geplante Gruppenfahnenflucht mit Entführung meines U-Jagdschiffes „421“ aufgedeckt und durch Verhaftung von fünf Besatzungsmitgliedern vereitelt hatte.

Gebäude des OP-Dienstes der 4. Flotille

An diesem 8. August wirkte der an der Steinpier im Stützpunkt Warnemünde vertäute U-Jäger irgendwie einsam und gespenstig. Außer dem Stellingsposten war auf der Pier kein Mariner zu sehen. Das war schon komisch, denn für das an diesem Tag geplante Auslaufen zum Vorpostendienst auf See wäre ein reger Bordbetrieb normal. Nichts ahnend meldete ich mich gut gelaunt beim Kommandanten. Anstelle eines freundlichen Willkommens an Bord vernahm ich den kühlen Befehl, mich sofort beim Abteilungschef (ACH) zu melden. Unter den handverlesenen Besatzungsmitgliedern an Bord herrschte eisiges Schweigen. Hier stimmt doch irgendetwas nicht. Also schnell rein in die Uniform und ab zum ACH. Zu meiner Überraschung traf ich im Gebäude des OP-Dienstes auf den Chef der 4. Flottille, Kapitän zur See W. R. Ewig im Gedächtnis geblieben ist mir seine damalige Bemerkung: „LI, was sind Sie und Ihre Parteiorganisation für Schlafmützen, dass Sie nicht bemerken, wie Ihnen das Schiff unterm Hintern geklaut wird?" Donnerwetter, wie soll das funktionieren? Zum Nachdenken kam ich aber in diesem Augenblick nicht. Über mich ergoss sich ein Schwall von Vorwürfen wegen der angeblich ungenügender politischer Wachsamkeit und Schlamperei an Bord. „Ihr Schiff sollte auf See entführt werden. Sie können froh sein, dass wir dieses schwerwiegende Vorkommnis noch rechtzeitig aufklären konnten. Weitere Befehle folgen", so die Worte meines FCH. Ich war ziemlich schockiert und musste mich erst einmal sammeln, bevor ich ein paar Türen weiter zum ACH ging. Fregattenkapitän H. S., ein erfahrener KSS-Seemann klärte mich dann in ruhigem und sachlichem Ton über die Ereignisse auf, soweit sie der VM überhaupt bekannt waren. Er ließ sich von der Schimpfkanonade des FCH äußerlich nichts anmerken, wirkte aber sehr ernst. Bestimmt verrauchte er an diesem Tag einige Schachteln F6. Er sagte, es würde eine Untersuchung stattfinden. Ich ging zurück an Bord und besprach unsere Situation mit meinem Kommandanten. MfS-Offiziere waren an diesem und an den folgenden Tagen nicht in Sicht. Die waren mit der Untersuchung des Falls mehr als beschäftigt.

Dieser Gruppen-Fahnenfluchtversuch auf dem U-Jagdschiff 201-M gehört mit zu den dunkelsten und tragischen Kapiteln in der Geschichte der VM. Wir wurden in der Flotte über Nacht negativ berühmt. Für mich war dieser Vorfall auf „meinem Schiff" nach dem gerade erst vor zehn Monaten angetretenen Borddienst als LI unfassbar, geschweige denn irgendwie nachvollziehbar. Die Verhafteten waren gerade mal zwei bis vier Jahre jünger als ich. Details über die geplante Fahnenflucht wurden nie bekannt. Meine Bemühungen um Aufhellung der Gruppenfahnenflucht und Kontaktaufnahme zu den damaligen IMs liefen wiederholt ins Leere. Als ich drei Jahre später dann im Flottillenstab arbeitete, bat ich 1977 den Unterabteilungsleiter des MfS in der 4. Flottille, Korvettenkapitän Priewe, um Aufklärung. Man sagte mir, ich hätte einen Schutzengel gehabt. Ohne ihn wäre ich vielleicht tot. Wem ich mein Leben zu verdanken habe, darüber könne er verständlicherweise keine Auskunft geben. Ich solle den Fall endlich ruhen lassen!! Der unter Verschluss gehaltene Vorfall schien in der VM abgeschlossen.

Im August 2001 klärte mich dann Herr Priewe in einem Gespräch in Rostock über den Fall auf. Das MfS verfolgte über einige IMs die Tatvorbereitung an Bord. Mit Verhaftung der beschuldigten Matrosen X-Y-Z und einiger Mitwisser war die Aufgabe für die MfS-Mitarbeiter der 4. Flottille eigentlich beendet. Die weitere Untersuchung des Falls lag in der Zuständigkeit des Militärstaatsanwaltes, der Nachuntersuchungen über die Bezirksverwaltung des MfS und der Abteilung IX/6 anordnete. Mein „Schutzengel" ist wahrscheinlich an der Spezialausbildungsschule des MfS ausgebildet worden. Er gab mir den Rat, ich solle die Akten des ehemaligen Militäroberstaatsanwaltes in meine Nachforschungen einbeziehen. Ich habe Herrn Priewe als einen der wenigen ehemaligen MfS-Offiziere kennengelernt, die sich zumindest einer kritischen Sichtweise zur Geschichte der DDR nicht verschließen! Wie der „Hauptmann Wiesler" in dem Kinohit „Das Leben der anderen" (2006) haben sie mit dem Scheitern des Sozialismus in der DDR einen inneren Wandel durchgemacht.

Jahrelange Recherchen brachten dann 2001 im BStU-Archiv Berlin endlich Licht in jene Vorgänge, die mittlerweile über drei Jahrzehnte zurücklagen. So wurde mir z. B. erst Jahre später bewusst, dass ich einen Führungs-IM auf meiner Hochzeit im Juli 1973 als Tanzpartner für meine Schwester „engagiert" hatte. Dieser intelligente und zufällig aus der Nähe meines Heimatortes Brandenburg stammende Marinesoldat mit dem offensichtlich fingierten Dienstgrad Stabsmatrose auf dem U-Jagdschiff „422" war erstaunlich gut über mich und die Situation an Bord informiert. Er gab mir öfter gute Ratschläge für meinen Dienst und die Menschenführung an Bord. Auf meiner Hochzeitsparty im Bootshaus Kirchmöser wirkte er recht lustig und amüsant. Ich bin ihm nach Aufdeckung der Fahnenflucht in der VM nie wieder begegnet. Sicherlich übertrug man ihm in der NVA eine andere Aufgabe. So bleiben zeitgeschichtliche Fakten verborgen und viele Fragen unbeantwortet.

Modell U-Jagdschiff 201-M

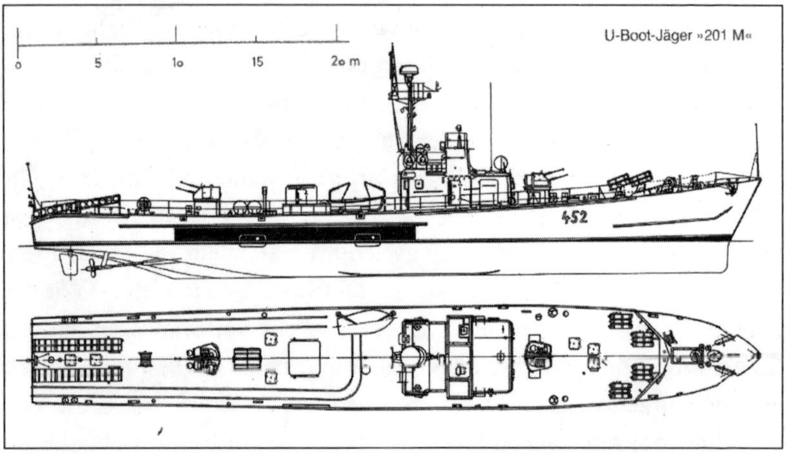

U-Jagdschiff mit veralterter Technik und rustikalen Bordbedingungen

1959/60 lieferte die UdSSR aus dem Bestand ihrer Seekriegsflotte 12 U-Jagdschiffe vom Typ 201-M (NATO Bezeichnung SO-1) an die DDR. Der Flachdecker mit einem Deplacement von 215 t und 42,40 m Länge über alles wurde von drei 12-Zylinder-Zweitakt-Dieselmotoren des Typs „D 30" mit einer Gesamtleistung von 4.150 kW angetrieben. Über eine Dreiwellenanlage erreichte der U-Jäger eine Geschwindigkeit von 27 sm/h. Zur Bewaffnung gehörten zwei Geschütze, bestehend aus 25 mm Doppellafetten (2-M-3), vier fünfrohrige reaktive Wasserbombenwerfer (RBU-1200) auf dem Vorschiff und zwei Heck-Ablaufgerüste für 24 Wasserbomben (WB-1). Der Tiefgang betrug nur 1,90 m. Für die

Uboot-Suche befand sich die hydroakustische Ortungsstation „Taimir 11“ russischen Typs an Bord.

Kein VM-Angehöriger, weder Offizier noch Matrose, betrachtete es damals als ein erstrebenswertes Kommando, auf dem U-Jagdschiff mit den scherzhaften Bezeichnungen „Panzer der Ostsee“, schwimmende „Stalinorgel“ bzw. „Taigatrommel“ zu dienen. Von den alten, erfahrenen „Seemännern“ wollte keiner den Job auf dem Schiff machen. So erhielten drei junge Leutnants nach Absolvierung ihres Studiums im Oktober 1972 sofort die finanziell hoch dotierte Dienststellung eines LI bzw. STO. Im Vergleich zu anderen Bordverwendungen kam die Versetzung auf die veraltete und störanfällige russische Technik mit rustikalen Unterdecksbedingungen fast einer Bestrafung gleich. Die aus verschiedenen Diensteinheiten vom Koch, Maschinisten, Signäler, Funker bis hin zum Kommandanten in der Flottille zusammengewürfelte Besatzung war im Oktober 1972 komplett. Zur Unterweisung in die „Bordgeheimnisse“ verblieben von der ehemaligen Stammbesatzung lediglich der Oberbootsmann, der leitende Maschinist und zwei Stabsmatrosen per Befehl an Bord. Die distanzierte Haltung der vier übernommenen Marine-Grenzer gegenüber der von nun an bestehenden strafferen Dienstorganisation in der 4. SB war allgegenwärtig. Man merkte den Jungs die zuvor gewohnte lockere Dienstausübung an. Die „Neuen“ an Bord waren alles andere als begeistert. Da eine Versetzung in andere Einheiten kaum möglich war, stellten zwei Unteroffiziere den Antrag auf Rückverpflichtung ihrer Dienstzeit von vier auf drei Jahre. Die ursächlich mit dem Schiffstyp verbundene Dienstunlust von Besatzungsangehörigen spiegelte sich teilweise in deren lascher Dienstausübung, unerlaubten Entfernungen, Urlaubs- und Landgangsüberschreitungen sowie Disziplinarstrafen bis hin zu Degradierungen wider.

Der für das leibliche Wohl der Besatzung wohl wichtigste Mann – der Smutje – war nicht zu beneiden. Die Kombüse achtern unter Deck hatte ungefähr die Größe von zwei Telefonzellen. Das Quirlen des Essens besorgten in See die vibrierenden Propellerwellen. Der Kühlschrank für verderbliche Lebensmittel befand sich wegen Platzmangels in der Kommandantenkammer. Auch für uns drei Bordoffiziere fand die tägliche Esseneinnahme auf See und im Hafen wegen Raummangels in der Kommandantenkammer statt. So etwas gab es auf keinem anderen Schiff in der VM. Die Ausstattung der engen Wohndecks für die 27 Mann der Stammbesatzung (ein Mannschafts- und ein Unteroffiziersdeck, Kommandantenkammer, LI-Kammer, Meisterkammer) war sehr bescheiden. Im Sommer heizte sich das Schiff auf wie eine Sauna. Im Winter kam es vor, dass die Bettdecke an der Bord-Außenwand anfror.

Wegen völlig unzureichender Geräuschdämmung innerhalb des Schiffes waren die Lautstärke beim Maschinenbetrieb (über 120 Phon) und der über zig Meilen zu hörende Abgaslärm für die Besatzung fast unerträglich. Damit den Hausbewohnern auf der Hohen Düne bei Vorbeifahrt der U-Jäger im Warnemünder Seekanal nicht die Fensterscheiben zersprangen, liefen die Schiffe während der Kanalpassage Schleichfahrt. Sonnenhungrige Urlauber am Ostseestrand vermuteten im donnernden Maschinengeräusch auf See irgendwo sich nähernde Panzer, was ja unmöglich war. Weshalb ein so kleines Schiff solchen Lärm entwickeln konnte, war für alle ein Phänomen.

Über einen kleinen Oberdecksaufbau gelangte ich Mitschiffs in „mein Reich" – den Maschinenleitstand im GA V. Der kleine Leitstand ähnelte einer zu groß geratenen Abstellkammer, etwa in den Abmaßen 2,50 m x 1,60 m. Hier hatten drei Männer ihre Gefechtsstation. Schemel aus Stahlrahmen dienten als Sitzgelegenheit. Vom Leitstand aus wurden die drei Antriebsmaschinen lt. den Anweisungen von der Brücke gefahren. Von hier aus gelangte man über zwei Schotte in den Maschinenraum mit der Steuerbord- und Backbordantriebsmaschine sowie in die hintere Abteilung mit der Mittelmaschine, drei Hilfsdieseln und diversen Hilfsaggregaten. Die Hauptmaschinen wurden per Druckluft angelassen bzw. umgesteuert. Fuhr der Kommandant innerhalb kurzer Zeit zahlreiche Maschinenmanöver, z. B. beim An- und Ablegen, dann konnte es passieren, dass die Druckluft in den Flaschen knapp wurde. Das Nachladen bzw. Komprimieren dauerte eine gewisse Zeit. Ein Kommandant schenkte diesem technisch bedingten Umstand anfangs nicht genügend Beachtung. Er näherte sich der Pier, ohne rechtzeitig die Fahrt aus dem Schiff genommen zu haben. Unter den staunenden Augen der auf der Pier stehenden Marinesoldaten versuchte er, den U-Jäger in gewohnt rasanter Manier wie ein MLR-Schiff zu manövrieren. Pech gehabt. Weil alle drei Hauptmaschinen nicht ansprangen, krachte er mit dem Bug gegen die Pier. Wutentbrannt schrie er auf der Brücke: „Ich bringe das gesamte Maschinenpersonal hinter Gitter." Doch diese Jungs trugen an dem Havariedesaster keine Schuld.

Die Dienstbedingungen in dem mittelalterlichen Leitstand hielten keinem Vergleich mit dem geräumigen Maschinenleitstand „Made in GDR" auf dem MSR stand. Dieser war vollgestopft mit modernen Anzeigegeräten, Armaturen und Bedienelementen sogar westlichen Fabrikats. Auf einer großen elektronischen Steuerungs- und Anzeigetafel für sämtliche Bordsysteme überwachte das Maschinenpersonal den technischen Bordbetrieb. Auf der Schalttafel stand am Rand das Kürzel „Made by Siemens". Die Männer in Blau hatten sozusagen den Gegner immer im Blick bzw. auf dessen Technik stets ein wachsames Auge. Ich dagegen sah auf dem russischen U-Jäger überwiegend auf veraltete Anzeigegeräte mit kyrillischem Buchstaben vom siegreichen Waffenbruder und seiner robusten Technik. Mit der hätten wir in den 70er Jahren sowieso keinen Uboot-Krieg „gewinnen" können. Vielleicht sollten wir eher als eine Art Abschreckung für den Gegner fungieren. Zwar lautete ein damals häufig benutzter Slogan: „Von der Sowjetarmee/-Flotte lernen, heißt siegen lernen", doch wollte sich beim Anblick des technischen und hydroakustischen Schrotts der Glaube daran nicht recht einstellen. So lautete die tägliche Devise „alles am Laufen halten", mit viel Öl, Diesel, Fett und Dichtmaterial. All das erforderte damals einen immens hohen personellen Aufwand für Wartungs- und Reparaturarbeiten.

Der technische Wartungszustand aller vier U-Jagdschiffe war in vielen Belangen sehr problematisch. Obwohl laut dem Übergabeprotokoll auf dem Papier für „421" alles OK schien, stellten sich schon bald gravierende Mängel an Bord ein. Da mir die Praxis über den technischen Bordbetrieb zu Beginn meiner Laufbahn noch fehlte, verschaffte ich mir einen detaillierten Überblick über den Zustand aller Betriebssysteme. Um nicht bei einem Schaden wegen mangelhafter Betriebsführung zur Verantwortung gezogen zu werden, nahm ich als Leutnant alles sehr genau. Die Freude der Vorgesetzten war geteilt. Wir taumelten anfangs buchstäblich von einer Störung zur nächsten. Die Defekthexe hatte uns fest im Griff. Kontrollen ergaben, dass von acht Dieselvorratstanks vier Seewasser enthielten. Um das bei der Übergabe zu verschleiern, zog das Grenzer-Personal die Dieselproben in einer falschen Peilhöhe. Der Dieseltreibstoff schwamm auf dem Seewasser auf. Die Folge davon war, dass bei Seegang Wasser in den Dieselkreislauf gelangte. Zum Glück entdeckten meine Männer dieses Problem noch rechtzeitig. Schon bald darauf erlebten wir die nächste Überraschung. Proben aus den beiden Frischwasserzellen offenbarten deutliche Grenzwertüberschreitungen von Schadstoffen. Die Frischwassertanks mussten wegen Verunreinigung gesperrt werden. Die aufwendige Reinigung förderte eimerweise Schlamm, diverse Werkzeuge und Putzlappen zu Tage. Um die Wasserversorgung an Bord während der Tankreinigung aufrecht zu halten, wurde auf der Pier ein Wasserwagen bereitgestellt.

Die E-Anlage für Gleich- und Wechselstrom glich einem Buch mit 7 Siegeln. E-Schaltpläne gab es nicht mehr. Die desolate E-Verkabelung hätte wegen brüchiger Isolierung komplett erneuert werden müssen. Kurzschlüsse und Fehlschaltungen waren an der Tagesordnung. Durch auftretende Kriechströme stand die Back des Vorschiffes öfter unter Strom. Es kam sogar einmal vor, dass sich der Zündkreislauf für die reaktiven Wasserbombenwerfer auf der Back selbständig zuschaltete. Zum Glück waren diese nicht geladen. Während eines Seeeinsatzes brannte plötzlich bei Betätigung des Lichtschalters für das Offizier-WC/-Dusche der Brückenscheinwerfer. Bei der Begegnung mit einem Fahrzeug der Bundesmarine in See wäre das schon mehr als peinlich. Immer häufiger vernahm ich den Ruf: „LI zum Kommandanten“, wenn wieder einmal eine technische Panne für „Überraschungen“ an Bord sorgte. Die russische Technik brachte meine E- und Mot.-Gasten wiederholt zur Verzweiflung.

Beabsichtigte der Kommandant den Maschinentelegrafen auf Höchstfahrt oder AK zu legen, musste das Maschinenpersonal Sicherungsposition an sämtlichen Gummi-Manschetten des Ölkreislaufes für die Hauptmaschinen beziehen. Durch die Vibrationen und den erhöhten Öldruck drohten diese zu platzen, was auch häufig genug passierte.

Nicht nur das Maschinenpersonal war permanent mit irgendwelchen Reparaturen beschäftigt. Der Schlitten musste in mehrfacher Hinsicht erst zur U-Jagd tauglich gemacht werden. Die Dienstbelastung der Besatzung war deshalb enorm. Jede den Einsatzklarzustand (EKZ) des Schiffes herabsetzende Störung war beim OP-Dienst meldepflichtig. Zur Aufrechterhaltung der geforderten Gefechtsbereitschaft musste jede technische Störung sofort behoben werden. Wenn ich mich mit dem Störungsmeldezettel auf den Weg machte, konnten andere Offiziere oftmals ihr Grinsen nicht verbergen. Ihre höhnischen Bemerkungen „LI – haben deine Männer wieder etwas kaputt repariert“, haben mich mächtig geärgert. Es gab aber auch erfahrene Fachleute, die unabhängig von ihrem Dienstgrad an Bord kamen, um uns bei den Reparaturen zu helfen. Wegen der vielen technischen Pannen stieg im Stützpunkt der „Bekanntheitsgrad" aller U-Jagd-Offiziere, jedoch nicht in der erhofften Weise. In den Offiziersversammlungen avancierte man mitunter ungewollt zum negativen Schwerpunkt. Bei der Nennung seines Namens musste der Betreffende zur Anhörung „seines Versagens" aufstehen, die Blicke der Kameraden im Rücken wissend. Manch ein Offizier kam im Verlauf des Vortrages im Saal kaum zum Sitzen. Ich empfand das als sehr peinlich und mit der Zeit unerträglich. Bei dieser Gelegenheit fing ich mir eine Kritik wegen meines unmilitärisch „langen" Haarschnitts ein. All diese beleidigenden Maßregelungen und angesprochenen Missstände an Bord brachten eines Tages das Fass zum Überlaufen. Für meine Beschwerde wählte ich den Weg einer schriftlichen Parteiinformation. Die Politabteilung reagierte. Zur Hilfe und Anleitung an der „Basis" wurden Parteibeauftragte eingesetzt. Durch meine Aktion „qualifizierte" ich mich an Bord zum Parteisekretär, was für den LI-Status obligatorisch schien. Das hatte ich mir eigentlich anders vorgestellt. Ich konnte damals wie im weiteren Verlauf meiner Dienstzeit Missstände, fachliche Inkompetenz und Ungerechtigkeiten nicht ertragen.

Die Probleme in der U-Jagdabteilung und an Bord blieben selbstverständlich dem MfS und ihren IMs nicht verborgen. Man verfolgte die weitere Entwicklung und wartete ab, bis das Kind sprichwörtlich in den Brunnen gefallen war. Diese, die negative Stimmung schürenden Bordbedingungen lösten unter der Besatzung Persönlichkeitskonflikte aus. Es ist nicht auszuschließen, dass sich bei einigen Matrosen eine Systemabneigung entwickelte bzw. verstärkte. Demnach stehen begünstigende Faktoren für Disziplinarvergehen bis hin zur geplanten Fahnenflucht im ursächlichen Zusammenhang mit der Dienstunzufriedenheit. Diese Hintergründe standen auch im Bericht der MfS-Unterabteilung der 4. Flottille.

Ohne den Ursachen für die Missstände und gedrückte Stimmung konzentriert nachgegangen zu sein, hatte man die „Schuldigen" nach der aufgedeckten Fahnenflucht zur Beruhigung höherer Instanzen schnell ausgemacht. Noch Ende August kam es zur Bestrafung von mehreren Offizieren. Ich blieb von diesem Segen verschont. Kurios ist jedoch der Umstand, dass unser U-Jäger „421" zur Auszeichnung als bestes Schiff der Abteilung vorgesehen war. Es erhebt sich die Frage, welche Zustände an Bord der anderen drei Schiffe herrschten? Als eine Kommission von Offizieren aus dem Kommando VM im Dezember 1973 ihren Untersuchungsbericht über die U-Jagdabteilung vorlegte, bewertete der Leiter der MfS-Hauptabteilung IX/6 in Berlin die Ergebnisse in selbstherrlicher Manier „als unobjektiv“. Damit unterstellte diese Sondertruppe innerhalb des MfS leitenden VM-Offizieren ein defizitäres Realitätsbewusstsein. Schlimmer noch, den im Verlauf der Verhöre durch die HA IX/6 auf mysteriöse Weise zustande gekommenen Aussagen (ca. 300 Seiten Papier) der inhaftierten Matrosen maß das MfS eine höhere Glaubwürdigkeit bei als dem Bericht der VM-Kommission. Das ist ein Beleg für die beispiellos anmaßende Einmischung des MfS in allen Bereichen der Gesellschaft in der DDR.

Das MfS immer mit an Bord

Vorbereitungen und Einzelheiten für die beabsichtigte Gruppenfahnenflucht mit der Entführung des U-Jägers in die BRD wurden dem MfS erst am 24. Juli 1973 durch den Bericht ihres IM „Manfred Zabel“ an seinen Führungsoffizier bekannt. Unter dem Geheimdossier „Vorposten“ wurde der gesamte Vorgang aktenkundig. Die OPA (MfS-Sprachgebrauch für operative Personenaufklärung mit Sicherheitsüberprüfung) des Fahnenfluchtmitgliedes – Sperrgast (Obermatrose) – setzte bereits im Januar 1973 ein. Wegen seiner negativen Äußerungen zur UdSSR fiel er schon im Juni 1972 auf und gelangte so in die geheime Kaderkartei (KK) des MfS. Damit war die Aufgabe des in der Besatzung verdeckt operierenden IM „Manfred Zabel“ klar umrissen: „Observieren des Matrosen nach § 254 StGB “. Weshalb der Mann überhaupt an Bord kam, obwohl das MfS offensichtlich von seinen Fahnenflucht-Ambitionen wusste, bleibt ein Rätsel. So wurde Stabsmatrose „Manfred Zabel“ ständiger Schatten der später zu 25 Jahren Freiheitsentzug verurteilten drei Besatzungsmitglieder.

Alarmiert von ihrem IM, geriet das Unternehmen ab 24. Juli unter mehrfache MfS-Aufsicht. IM „Manfred Zabel“ operierte in der Hauptrichtung der Aufklärung – „Gruppenbildung an Bord mit Verdacht einer Straftat gemäß § 254 StGB“. Er erhielt die Instruktion, nicht zu provozieren. Sollte der IM angesprochen werden, ob er sich an der Fahnenflucht beteiligen wolle, dann hatte er laut Handlungsanweisung seines Führungsoffiziers eine passive Haltung einzunehmen.

Seine Kontakte zu den Verdächtigen sollte er nutzen, um in Gesprächen und durch Beobachtung den Organisationsgrad der Gruppe mit ihren Plänen bzw. Absichten zu erkunden. Erkenntnisse hinsichtlich des Interesses für Waffen und Munition waren sofort dem Führungsoffizier mitzuteilen. Aufschlussreich ist in dem Zusammenhang die protokollierte Rangfolge der Verantwortlichkeit für die Sicherheit von Waffen und Munition an Bord. Das MfS stufte ihren IM noch vor dem Kommandanten ein.

Das MfS vermutete, dass die der Fahnenflucht-Gruppe zugeordneten Besatzungsangehörigen – Sperrgast, Hydroakustiker, E-Maschinist und Signalgast – die Realisierung ihres Vorhabens für den nächsten Vorposteneinsatz planten. Da die konkrete Entschlussfassung aber nicht bekannt war und die Bord-Vorbereitungen für den Seetörn ab 9. August liefen, wurde die Aufklärung durch weitere, unabhängig voneinander operierende IMs verstärkt. In den Akten sind die IMs „Schubert" und „Rainer Asmus" erwähnt. Nach Ansicht des MfS rechtfertigte die Faktenlage mit „Stand 2. August", vom Chef der 4. SB ein Auslaufverbot für das U-Jagdschiff „421" außerhalb der 3-Meilen-Zone zu fordern. Davon hatten wir jedoch an Bord keine Kenntnis.

„Manfred Zabel" ließ die beschatteten Kameraden in dem Glauben, dass sie auf seine Verschwiegenheit zählen könnten. Während der abendlichen Gespräche im Deck, wo auch mal eine Flasche Wodka die Runde machte, forderten sie ihren „Freund" auf, nicht so laut zu sprechen. Durch die perfekte Tarnung des IM liefen die Fluchtvorbereitungen praktisch unter den Augen des MfS, ohne dass im Vorfeld irgendwie eingegriffen wurde. Man wartete ab, wie sich die Sache im Verlauf der 7-monatigen Planungsphase entwickeln würde, um das Vorhaben schließlich am Tag X zu Fall zu bringen.

Nach eigener Analyse handelte es sich bei dem IM vermutlich um den Waffenkammerverwalter an Bord. Als LI hatte ich u. a. die Aufgabe, während des Dienstes mehrmals täglich eine Siegelkontrolle des Hellegat für Waffen, Munition und Zünder durchzuführen sowie die Waffen- und Munitionsbestände gemeinsam mit dem Waffenkammerverwalter zu kontrollieren. Die dabei mit dem Stabsmatrosen geführten Gespräche waren mitunter schon recht eigenartig. Als Mecklenburger erweckte er den Eindruck, nicht ganz ausgeschlafen zu sein. Er thematisierte gern belanglos erscheinende Dinge und verwechselte öfter mal das Du mit dem Sie. Unerfreuliche Bordnachrichten oder technische Pannen an Bord kommentierte er mit humoristischen, jedoch nicht verletzenden Bemerkungen. Seine Gedanken offenbarten dabei eine scharfe Beobachtungsgabe und analytisches Denkvermögen. In der Person des vermuteten „Manfred Zabel" vereinten sich für das IM-Milieu prädestinierte Eigenschaften von Begabung und Verantwortung mit Teuflischem und Moralischem. Nach den Festnahmen am 7. August war die Tarnung des IM so perfekt, dass er vom MfS nicht von Bord genommen werden musste. Im Verlauf der Aktion wurde er vom IMS (S=Sicherheit) zum IMV (V=Vorgang, Verdächtige) umregistriert.

Konspirative Planungsphase

Wie sich die System ablehnende Haltung von mehreren jungen Männern im Alter von 21 Jahren innerhalb weniger Monate bis zur geplanten Fahnenflucht mit Entführung des Schiffes entwickelte, lässt sich anhand des MfS-Operativ-Vorgangs „Vorposten" bei gebotener kritischer Hinterfragung der dokumentierten Vorgänge rekonstruieren.

Im Januar 1973 informierte IM „Manfred Zabel" seinen Führungsoffizier über ein mitgehörtes Gespräch des Sperrgastes mit dem Hydroakustiker. Gegenstand ihrer Unterhaltung war die angebliche Entführung eines Schiffes der VM in den 60er Jahren. Zwei Wochen später sprach einer der beiden Matrosen auf einer Diensteinweisung des Kommandanten mit der Besatzung dieses Entführungsbeispiel an. „Angeblich sei auf dem Boot falsch gekoppelt worden. Während die Offiziere unter Deck eingesperrt waren und der Rest der Besatzung von den drei Entführern in Schach gehalten wurde, lief das Boot unbemerkt vom BGS einen westdeutschen Hafen an. Dabei konnten sich die Offiziere erst befreien, als die Fahnenflüchtigen von Bord waren. Anschließend nahm das Boot Kurs auf die offene See." Dass es sich dabei tatsächlich um eine gelungene Fahnenflucht eines KS-Bootes im August 1961 handelte, war damals weder der Besatzung noch mir bekannt. Deshalb wurde die Fragestellung als völlig abwegig und totaler Blödsinn abgetan. Mit Ausnahme des hellhörig gewordenen IM reagierte niemand auf diese provozierende Äußerung. Unter der Besatzung fiel lediglich die witzige Bemerkung: „Da hätten die Jungs gleich ein paar Bananenkisten und einige Büchsen Ölfarbe mitbringen können." In Wirklichkeit beabsichtigten beide Matrosen, mit ihrer provokatorischen Fragestellung das Verhalten der Bord-Offiziere zu testen. Ich maß dieser Episode keine Bedeutung bei und vergaß die Angelegenheit.

Nach 14 Monaten Dienstzeit und den dabei auf See beobachteten Möglichkeiten für eine Fahnenflucht fasste der Hydroakustiker an Bord von „421“ im Februar 1973 den Entschluss, seine schon seit Langem geplante DDR-Flucht während eines Vorposteneinsatzes in See zu verwirklichen. Bei Annäherung des BGS-See wollte er über Bord springen und das in geringer Entfernung fahrende Boot schwimmend erreichen. Zur Risikominimierung beabsichtigte er, weitere Besatzungsmitglieder in das Vorhaben einzubeziehen. Nach zielgerichteter Beobachtung wurde er auf den bereits mehrfach wegen Disziplinarverstößen abgestraften Sperrgast aufmerksam. Dieser erwog ebenfalls, in Ablehnung des DDR-Systems, sich der weiteren Ableistung des Wehrdienstes durch Flucht zu entziehen. Die Freiheiten in der BRD vor Augen, hatten beide Matrosen vom Militärdienst „die Schnauze voll“. Ein wohlhabender Onkel in der BRD, zu dem Kontakt bestand, würde ihnen Arbeit beschaffen. Hydro- und Sperrgast verabredeten im März/April, das Fluchtvorhaben ohne Gewaltanwendung gegenüber Dritten gemeinsam zu planen und auszuführen.

Während einer Begleitaufgabe von „421“ in See kam es am 10. April 1973 zu einer Annäherung bis auf 200 m mit dem Uboot der Bundesmarine S 187. Laut IM-Bericht spekulierten dabei einige an Oberdeck stehende Matrosen über die Erfolgsaussichten von Wink- oder Blinkzeichen per Taschenlampe, damit sich das Uboot dem U-Jagdschiff näherte. Man glaubte, über Bord springen zu können, um dann problemlos von Fahrzeugen der Bundesmarine oder des BGS aufgenommen zu werden. Über eventuelle Gegenreaktionen der Besatzung wurde zu diesem Zeitpunkt noch nicht gesprochen.

Nach Sturmfahrt Hafenaufenthalt in Saßnitz

Zu meiner schlimmsten, je auf See erlebten Sturmfahrt gehört die Teilnahme an einer UAW-Übung im Seegebiet 054 (Uboot-Tauchzone) südlich von Bornholm im April 1973. Die Wetterprognose war äußerst mies, typisches U-Jagdwetter, wie die Fachleute sagten, „mittlere bis schlechte Sicht und Scheißwind“. Dass es auf See aber ganz schlimm werden sollte, ahnte an Bord keiner. Die Übung neigte sich dem Ende.

So ganz nebenbei bemerkten wir, dass sich unser aufmerksamer Bewacher von der Bundesmarine verzogen hatte, vielleicht in Vorahnung des aufziehenden Unwetters. Der Leiter der Übung wies den kleinen U-Jagdschiffen einen Warteraum mit Ankerposition ca. 20 sm nord-westlich Darlowo vor der polnischen Küste zu. Der Wind frischte immer stärker auf und erreichte Stärke 8-9 aus NNW. Unser Kahn wurde ganz schön „gebeutelt". Die fast waagerecht niedergehenden Regenschauer peitschten die etwa 3-4 m hohen Wellenkämme. Bei einer mittleren Freibordhöhe von nur 1,71 m war dieser Wellengang für den U-Jäger nicht ungefährlich. Die Gischt flog über das Schiff. Das Oberdeck musste gesperrt werden. Was wir nicht wussten, die U-Jagd war schon längst abgeblasen und die großen Pötte fast wieder im Stützpunkt. Bei uns dagegen hielten nicht mal mehr die Anker. Man hatte uns offensichtlich glatt vergessen. Im Interesse der Sicherheit von Schiff und Besatzung fasste der ACH den eigenen Entschluss, mit allen vier U-Jagdschiffen nach Saßnitz abzulaufen. Er ließ den Funkspruch absetzen: „Kann Position wegen Wetterlage nicht halten, ablaufen Reede Saßnitz." Der einzige, der noch Funkkontakt hatte, war unser Funker an Bord, dem Führerschiff. Wir formierten uns in Kiellinie zum Rückmarsch. Der Ritt nach Saßnitz wurde aber durch Maschinenschäden und diverse technische Störungen auf allen Schiffen immer wieder unterbrochen.

Von unserer 27-köpfigen Besatzung trotzten nur Wenige den Naturgewalten. Auch ich war von der Seekrankheit gezeichnet. Das Öl-Seewassergemisch in der Bilge vermischte sich zusehends mit Speiseresten. Eine alte Seemannsweisheit besagt, dass man der Seekrankheit nur mit Beschäftigung begegnen kann. Davon hatten wir inzwischen reichlich. Ein Bordsystem nach dem anderen fiel aus. Ein Maschinenausfall hätte bei diesen extremen Bedingungen fatale Folgen. Das wusste an Bord jeder, egal ob Kamerad oder „System-Abtrünniger". In jenen Stunden drehte sich alles an Bord um die Aufrechterhaltung des Maschinenbetriebes und die Fahrtüchtigkeit des Schiffes. Die Maschinisten sahen aus wie Bergleute unter Tage. Gesicht, Hände und Kleidung waren mit Öl und DK durchtränkt. In dieser komplizierten Lage erwies sich der leitende Maschinist, ein stattlicher Obermaat, als cooler und umsichtiger Fachmann unter Deck. Im Gegensatz zu mir machte ihm der Seegang scheinbar nichts aus. Auch der Hydroakustiker, die Gefahr für das Schiff erkennend, zeigte in dieser Situation großen persönlichen Einsatz. Wegen des Ausfalls von Besatzungsangehörigen bewältigte er ohne zu Murren zusätzliche Aufgaben. „Mein" E-Gast, der zu diesem Zeitpunkt noch nicht in die Fahnenfluchtpläne involviert war, hatte sich dagegen sichtlich in einer Ecke des Maschinenraums aufgegeben. Er war zu nichts mehr zu gebrauchen, verfluchte „Gott und die Welt" und seine Situation. Damit er keine Dummheiten macht, mussten wir ein Auge auf ihn haben. Es wäre nicht das erste Mal, dass Seekranke in ihrer tiefen Verzweiflung über Bord springen.

Während wir im Schiffskeller alle Hände voll zu tun hatten, stellte sich für den Kommandanten auf der Brücke eine ganz andere Herausforderung. Auf dem Schwesternschiff, der „422", waren alle drei Hauptmaschinen ausgefallen. Das Fahrzeug tänzelte manövrierunfähig in der tobenden See. Unser Kommandant fasste den Entschluss, den hilflos treibenden Havaristen in Schlepp zu nehmen. Er befahl mich auf die Brücke, um mir den Ernst der Situation zu erläutern. Mein Anblick muss wohl nicht der Beste gewesen sein. Die Männer hier oben an der frischen, salzhaltigen Luft sahen auch nicht viel besser aus als meine Jungs unter Deck. In knappen Worten klärte er mich über die Lage auf. Wegen des Totalausfalls ihrer Antriebsmaschinen muss die „422" in Schlepp genommen werden. Dafür hatte sich unser Kaleu ein besonderes Manöver ausgedacht. Ein schulmäßiges Anlaufen zur Wurfleinenübergabe mit Kurshalten auf Wurfleinenabstand war bei dieser Wetterlage unmöglich. Es gab nur eine Chance, um die „422" an den Haken zu bekommen. Die hieß: Methode Boje mit Leine an Luv ausbringen und Havarist zur Aufnahme von Boje und Leine auftreiben lassen. Bei schönem Wetter ist das sicher kein Problem. Dieses Manöver wurde jedoch von der Besatzung bisher noch nie gefahren. Die Variante musste deshalb mit dem Bootsmann besprochen werden. Hinzu kam, dass das Achterschiff ständig von der tobenden See überspült wurde. Der Aufenthalt auf dem Achterschiff war aus diesem Grunde ziemlich gefährlich. Die Gefahren für unsere Kameraden auf der „422" waren jedoch viel größer. Das Gebot der Stunde lautete: Handeln ohne Zeitverzug. Ich nahm noch einen Rundblick über unser Schiff und registrierte an Oberdeck ein Chaos. Die vordere Waffe hatte sich wegen des starken Wellengangs aus der Arretierung gerissen. Sie stand schräg nach Steuerbord. Die Reling war verbogen und stückweise weggebrochen. Das Schlauchboot und ein Rettungsfloß gab es nicht mehr. Sie waren über Bord gegangen. Die etwa in einer Distanz von 150 m querab zu uns antriebslos in der See schaukelnde „422" glich einem Cabriolet.

Der Gittermast samt dem Antennensystem war umgeknickt und lag an Oberdeck. Ich hatte genug gesehen und begab mich wieder in den Maschinenleitstand. Zum Klarmachen der Trosse für das Schleppmanöver begab sich der Kommandant selbst mit dem Bootsmann nach achtern. In der Zwischenzeit fuhr der ACH auf der Brücke das Schiff. Alles recht ungewöhnlich. Damit uns die Schleppleine bei den extremen Schiffsbewegungen nicht um die Ohren fliegt, musste zur Beschwerung eine 50-kg-Hantel aus der Sport-on-board Kiste an die Trosse angebändselt werden. Unser Kommandant schaffte es gleich beim ersten Anlauf, die Schleppleine so auszubringen, dass sie der Havarist auch zu fassen bekam. Das alles glich einer seemännischen Glanzleistung. Die Schleppfahrt mit ca. 3-4 Kn begann. Es dauerte nicht lange und unsere Steuerbord-Hauptmaschine fiel aus. Die Reparatur war noch nicht abgeschlossen, da versagte die Mittelmaschine ihren Dienst. Schließlich verstummte auch die Backbord-Hauptmaschine. Wir trieben in der See. „LI auf die Brücke!" - der Kommandant benötigte dringend meine Auskunft über die Reparaturdauer. Seine damaligen Worte sind mir unvergessen geblieben: „LI, egal wie und was du mit deinen Männern machst, haltet mir den Maschinenbetrieb irgendwie aufrecht, sonst droht uns allen eine Katastrophe!" Alles hing jetzt von den Maschinisten ab. Unter der fast unerträglichen Schaukelei, der Zeiger des Krängungsmessgerätes bewegte sich bis 38 Grad, bekam der LM mit zwei Mot.-Gasten die Backbord-Hauptmaschine nach 30 Minuten wieder klar. Diese Minuten kamen den zur Tatenlosigkeit verurteilten Seeleuten auf der Brücke wie eine Ewigkeit vor. Bald darauf ballerte auch die Mittelmaschine wieder los. Geschafft, meine Männer leisteten in jenen Stunden Übermenschliches. Sie bewahrten uns alle vor einer möglichen Katastrophe.

Auch der Kampf um eine ordentliche Standortbestimmung in See erwies sich in jenen Stunden als ein Problem. Wo befanden wir uns eigentlich? Ein auswertbares Radarbild hatte der Kommandant nicht. Auf dem Bildschirm war alles voller Grieß wegen der dichten Regenschauer. Und das, was angezeigt wurde, war alles andere als wahrscheinlich. Um festzustellen, wo wir in etwa sind, lotete der Bootsmann die Wassertiefe. Das Ergebnis verblüffte alle. Wir hatten nur 6-7 m Wasser unter dem Kiel, weit und breit kein Land in Sicht. Das passte nur in das Seegebiet der Oderbank. Sollten wir uns wirklich so weit südlich befinden? Tatsächlich, der Kommandant fand dafür eine plausible Erklärung.

Bedingt durch die langsame Fahrt und den kräftigen NNO-Wind betrug die Abdrift bzw. Versetzung zum Kurs etwa 20 Grad. Was für Nichtseeleute etwa bedeutete, dass wir im Schleppverband nach Süden abgetrieben sind. Wir kämpften uns mühselig durch die tobende See in Richtung Ostküste Rügen. Große Erleichterung kam an Bord auf, als wir endlich das Leuchtfeuer von der Greifswalder Öie und dann von Arkona sahen. Auch die See wurde in Küstennähe ruhiger. Inzwischen glühten in den Führungsetagen der VM die Drähte. Wie wir erst später erfuhren, hatte man uns fast aufgegeben. Marinehubschrauber suchten uns östlich Stubbenkammer, im falschen Seegebiet.

Einige Seemeilen vor Saßnitz fielen die Steuerbord- und Backbord-Hauptmaschinen erneut aus. Wir erreichten den Hafen Saßnitz nur mit der Mittelmaschine. Die Schlepptrosse zur „422“ wurde mit Axt und Säge gekappt. Das Anlegemanöver begann. Dicht vor der Holzpier des Fischereihafens befahl der Kommandant: „Maschine Kleine Fahrt zurück!“ Doch nichts passierte. Die Männer an Oberdeck sahen unseren Bug schon in die Holzpier fahren, wie ein Messer in die Butter. Dann kam das Kommando: „Voll zurück!“ Wieder nichts, doch dann ballerte die Maschine auf und ging aus. Die Fahrt war aus dem Schiff, die Leinen gingen über und ich meldete „alle Maschinen unklar“. Gezeichnet von den Naturgewalten machten wir mit eigner Kraft und ohne Ramming am Anleger fest. Dass wir es geschafft hatten, war dem Können unseres Kommandanten und den Männern im Maschinenraum zu verdanken, die völlig erschöpft in die Kojen fielen. Reparaturen wurden nicht mehr befohlen. „E-Landanschluss herstellen, Frischwasser übernehmen“ und dann erst einmal Ruhe für alle, auch die Maschine. Technisch waren wir auf EKZ 5, was so viel heißt wie völlig unklar.

Anstelle von Glückwünschen zu unserer seemännischen und maschinentechnischen Leistung hagelte es im Stützpunkt Fragen und Vorwürfe an die Schiffsführung, weshalb wir in See unauffindbar waren. Man müsse erst alles genau prüfen, was so viel heißt wie die Schuldigen ausfindig machen. Das wirkte auf uns schon sehr deprimierend. Anstelle einer Belobigung der Besatzung forderte der Flottillenoffizier, sofort mit der Reparatur zu beginnen, um die Gefechtsbereitschaft des Schiffes wieder herzustellen. Ohne ein Wort ließ ich den Mann einfach stehen. Der kann mich mal, ich meldete mich beim Kaleu ab und ging duschen. Später ging es dann in die Hafenkantine, wo wir unsere glückliche Ankunft bei Rostocker Pils und Weißen begossen.

Autor als Oberleutnant (Ing.) 1974

Um aus dem U-Jäger wieder ein fahrtüchtiges Schiff zu machen, verblieben wir für Reparaturarbeiten etwa zehn Tage in Saßnitz. Ich musste erst einmal mit dem LM die Ersatzteile ordern, die wir dringend benötigten. Und das waren nicht wenige. Neben den Instandsetzungsarbeiten in allen GAs gab es auch ausgiebig Landgang. Den späteren Aussagen des Sperr- und Hydrogast ist zu entnehmen, dass beide den unvorgesehenen Aufenthalt in Saßnitz nutzten, um Fluchtmöglichkeiten mit der Fähre nach Schweden zu erkunden. Sie beobachteten den Hafen- und Fährbetrieb. Neben den Fährschiffabläufen recherchierten sie über mehrere Tage den Waggonverkehr auf die Fähre. Sie fanden heraus, dass man bei genauer Kenntnis des Waggonlaufs per Güterwagen in die Fähre gelangen könnte. Dazu müsse man aber auch die Kontrollhandlungen der Güst-Sicherungskräfte genauer kennen. Um das Vorhaben der Fahnenflucht bereits in Saßnitz zu probieren, verblieb ihnen jedoch nicht genügend Vorbereitungszeit. Obwohl die Arbeiten noch nicht abgeschlossen waren, verlegten wir nach ein paar Tagen zurück in den Stützpunkt Warnemünde.

Entführungstrio am 24. Juli 1973 komplett

Wegen weiterer Schiffsreparaturarbeiten am Unterwasserschiff kamen wir in Warnemünde/Hohe Düne auf die hauseigene Slipanlage. Ein Teil der Besatzung erhielt Heimaturlaub, einige Matrosen wurden in andere Einheiten abkommandiert. Deshalb registrierte das MfS im Mai/Juni kaum FF-Aktivitäten unter den Besatzungsangehörigen. Eine Ausnahme bildete der gemeinsam verbrachte Urlaub des Sperr- und Hydrogast in Borgsdorf bei Berlin. Nach Beobachtung mehrerer Grenzabschnitte zu Westberlin gelangten sie zu der Überzeugung, dass die Mauer mit ihren Grenzsicherungsanlagen kaum Fluchtmöglichkeiten zuließ. Die Chancen für eine Republikflucht an Bord des U-Jagdschiffes erschienen ihnen größer.

U-Jagdschiff 421 auf Slipanlage im Mai 1973

Während des See-Einsatzes vom 21. bis zum 23. Juli setzten beide Matrosen ihre Planungsgespräche fort. Im Ergebnis von Annäherungen des BGS auf See bis auf 20 m und dem Winken und Rufen ihrer Besatzung konkretisierten sie ihren Fluchtplan. Durch Blinksignale sollte der BGS auf ihr Vorhaben aufmerksam gemacht werden. Bei Annäherung wollten beide über Bord springen und zum BGS-Boot schwimmen. Sie rechneten damit, dass sich der BGS zwischen die in See Schwimmenden und das U-Jagdschiff schieben würde. So glaubte man, Maßnahmen zur Fluchtverhinderung seitens der eigenen Besatzung entgehen zu können. Alles sollte um die Mitternachtsstunde nach der Wachablösung passieren. Zu diesem Zeitpunkt wäre angeblich die Wachsamkeit an Bord gering. Das war jedoch ein Trugschluss. Beide wussten zu jenem Zeitpunkt noch nicht, dass ich als LI und Freiwächter unregelmäßige Kontrollen während der See-Nachtwache durchführte. Außerdem planten beide Matrosen, die Schlüssellöcher der Waffenkiste auf dem Hauptbefehlsstand mit Siegelmasse zu verstopfen. Man glaubte, so einen eventuellen Handfeuerwaffen-Einsatz verhindern zu können.

Nach wochenlanger Beobachtung des E-Maschinisten durch den Sperrgast wurde dieser dann am 24. Juli in die Fahnenflucht-Gespräche einbezogen. Nach reichlicher Überlegung schloss er sich dem Duo an. Die unbefriedigenden Lebensbedingungen in der DDR und Dienstbelastung im Maschinenabschnitt mit den vielen Reparaturarbeiten verstärkten seine bereits bestehenden Ausreise- bzw. Fluchtgedanken in die BRD. Dazu musste das MfS während der Untersuchung eingestehen, dass ihnen im aktenkundigen Persönlichkeitsbild des E-Maschinisten eine Panne unterlaufen warf. Dem MfS blieb verborgen, dass sich der Stabsmatrose schon vor seiner NVA-Dienstzeit mit Fluchtvarianten in die BRD beschäftigte. Mit seiner Dienstverpflichtung als SaZ in der VM glaubte er, an Bord eines Marineschiffes sein Fluchtvorhaben verwirklichen zu können. In einer mehrmonatigen Grund- und Spezialausbildung an der Flottenschule Parow erwarb er die Fachqualifikation als E-Maschinist. Sein Dienst an Bord war ohne Tadel. Er wirkte jedoch häufig deprimiert und niedergeschlagen. Irgendetwas stimmte nicht. Ich wusste, dass er verheiratet war und suchte das Gespräch mit dem Stabsmatrosen. So erfuhr ich, dass es in seiner Ehe kriselte. Da er ansonsten im Maschinenabschnitt einen guten Dienst versah, gab ich ihm mehrmals Urlaub, damit er seine Eheprobleme lösen konnte. Ich glaubte, ihm so am besten helfen zu können. Das sollte sich jedoch als ein Trugschluss herausstellen.

Im Gegensatz zu seinen beiden Vorplanern favorisierte der E-Maschinist lt. den MfS-Ermittlungen von Anbeginn die Fahnenflucht-Version in Kombination mit gewaltsamer Schiffsentführung. Die Erkenntnis, das Vorhaben nur mit Gleichgesinnten ausführen zu können, hielt ihn bisher von der Tatausführung ab. Seine Bereitschaft zur Teilnahme an der gemeinschaftlichen Fahnenflucht machte er von der erfolgreichen Realisierung seiner Fluchtversion abhängig. Noch am Abend des 24. Juli erläuterte er seinen beiden Kumpanen den nahezu fertigen Plan der

Entführung des U-Jagdschiffes in die BRD. Diese nun im Trio vertretene Version beinhaltete:

- Gewaltsame Kommando-Übernahme des Schiffes während der See-Nachtwache auf einem der nächsten Vorposten-Einsätze in See (Fehmarnbelt),
- Einschließen der Besatzung unter Deck durch Verkeilen der Oberdeckslukcn,
- Option des Waffeneinsatzes gegen sich widersetzende Besatzungsangehörige,
- Funktionsverteilung zur Besetzung des Ruders und Maschinenstandes sowie des Waffenverantwortlichen, der zugleich auf die „Eingesperrten" aufpassen sollte,
- nach Verlassen der DDR-Territorialgewässer auf Kurs West gehen mit dem Ziel Durchbruch zur BRD-Küste.

Im weiteren Planungszeitraum bis zur Verhaftung am 7. August verwarfen die drei Matrosen ihre anfängliche Absicht, zur Flucht über Bord zu springen. Von nun an stand die beabsichtigte Schiffsentführung im Vordergrund. Damit bekam das Vorhaben zur Fahnenflucht einen äußerst gefährlichen Inhalt. Nunmehr standen die Sicherheit von Besatzung und Schiff sowie die Ordnung an der DDR-Staatsgrenze (See) zur Disposition. Den Entführern war inzwischen klar, dass die Offiziere Gegenwehr leisten würden, um die Entführung ihres Schiffes zu verhindern. Deshalb beabsichtigten sie, den Kommandanten, den 1. Wachoffizier und den LI irgendwie zu neutralisieren. Bekannt war, dass die Bordoffiziere während des Seeeinsatzes laut Dienstvorschrift ständig eine Pistole mit zwölf Schuss trugen. Bei den Reparaturarbeiten im Maschinenraum behinderte mich die „Makarow" sehr. Beim Tragen in der Pistolentasche am Lederkoppel blieb ich öfter an irgendwelchen Armaturen oder Leitungen hängen. Trug man die Pistole untergeschnallt, kam es vor, dass sie beim Bücken auf die Flurplatten aus dem Halfter rutschte.

Das Fahnenflucht-Trio testete im weiteren Verlauf ihrer Ansicht nach negativ eingestellte Besatzungsangehörige auf eine eventuelle Fluchtbereitschaft. In den dazu geführten acht Gesprächen stießen sie u. a. auf den Signal- und den Steuermannsgast. Beide lehnten jedoch eine Tatbeteiligung ab. Weil sie ihre Kameraden nicht denunzieren wollten, unterließen sie es, über die beabsichtigte Fahnenflucht eine Meldung beim Vorgesetzten zu erstatten. Die „Nichtanzeige einer Fahnenflucht" hatte zur Folge, dass der Militärstaatsanwalt VM am 8. August in einem gesonderten Verfahren ein Ermittlungsverfahren gegen beide Obermatrosen einleitete. Bereits nach zwei Wochen verurteilte das Militärgericht Rostock beide Matrosen zu sieben Monaten Freiheitsentzug auf ein Jahr Bewährung.

Bis Ende Juli registrierte das MfS weitere, nunmehr zu dritt geführte Absprachen zur Schiffsentführung einschließlich der Funktionsverteilung. In Anerkenntnis seiner geistigen Überlegenheit einigte man sich, die weitere Planung und Leitung des Unternehmens dem Hydroakustiker zu übertragen.

Kommandant zum MfS-Rapport 1. August 1973

Am 1. August führte das MfS mit dem Kommandanten von „421“ ein Gespräch über Maßnahmen zur Gewährleistung der Sicherheit von Waffen und Munition an Bord sowie von VVS- und GVS-Dokumenten. Das war schon recht ungewöhnlich. In welchem Maße das MfS dabei in die Dienstorganisation an Bord eingriff, belegen die getroffenen Festlegungen, so u. a.:

- Information bei Kommandierungen, Versetzungen und Einsätzen außerhalb des Stützpunktes sowie bei fehlenden Urlaubern und verspäteten Landgängern,
- Gewährleistung des Verschlusszustandes der Kommandanten-Kammer bei Abwesenheit der Bordoffiziere,
- Sofortinformation bei kurzfristigem Auslaufen und schlechter Stimmung an Bord.

Normalerweise fallen diese Sachverhalte in die Zuständigkeit des ACH bzw. des jeweiligen Offiziers im Brigadestab. Über diesen ungewöhnlichen Eingriff verwundert, fragte der Kommandant, ob es auf seinem Schiff etwas Besonderes gäbe. Man hielt sich bedeckt und begründete die Maßnahmen mit dem Befehl 109 des Chefs der VM. Den historischen Hintergrund dieses Sicherheitsbefehls bildeten die 10. Weltfestspiele der Jugend und Studenten in Berlin vom 28. Juli bis zum 5. August 1973. Diese waren begleitet von diversen Sicherheitsmaßnahmen. Neben der materiell-technischen Sicherstellung der

Weltfestspiele durch Kräfte des MdI, MfS und der NVA existierte ein stabsmäßig aufgezogenes System permanenter Überwachung, im Aufspüren und Isolieren von Störenfrieden sowie in der Abwehr der „ideologischen Diversion“ des Gegners. Unsichere Kantonisten unter der Berliner Jugend wurden zur Ableistung des Wehrdienstes eingezogen. In Folge dieser Maßnahme kam es 1973 zu einer Häufung von Bolzendrehern in sicherstellenden Einheiten des Rückwärtigen Dienstes, z. B. in der Wachkompanie oder Munitionslagern. Der Chef VM befahl zusätzliche Maßnahmen zur Gewährleistung der Sicherheit in den Verbänden und Einheiten.

Der Kommandant von „421“ wurde in der Endphase der geplanten Fahnenflucht durch das MfS bewusst und vorsätzlich nicht über die gefährliche Situation an Bord seines Schiffes informiert. Durch das Vorgehen des MfS, besonders in Kenntnislage ab 24. Juli, wurden Verantwortung und Zuständigkeiten von Kommandeuren außer Kraft gesetzt. Auf der Suche nach vermeintlichen Systemgegnern brauchte man offensichtlich ein Erfolgserlebnis. Sicherlich hätte bei früherem Eingreifen der Schaden für alle Beteiligte gemindert werden können? Aber diese Handlungsoption widersprach der MfS-Philosophie bzw. -Strategie. Im Wissen um die vermeintlich prekäre Situation in der U-Jagdabteilung waren nicht verschwiegenes Beobachten und ruhiges Abwarten angesagt, sondern Veränderungen.

Der nach der Verhaftung der Matrosen bekannt gewordene Vorfall schien im Nachhinein betrachtet für den Sicherheitsapparat ein „gefundenes Fressen“, um sich entgegen den Wirkungen des Grundlagenvertrages zwischen der BRD und DDR (Juni 1973), und KSZE (Juli 1973) überwachungsmäßig weiter profilieren zu können. In der Zeit beginnender politischer Entspannung gerieten das SED-Politbüro und die DDR-Staatsführung mit ihrer phrasenhaften Selbstdarstellung in ein zunehmendes Dilemma. Damit die Bevölkerung den Entspannungsprozess nicht für plötzliche Freiheiten missverstand, galt es nach Ansicht der DDR-Führung, die Wachsamkeit gegenüber anders denkenden Bürgern zu erhöhen.

Überraschender Zugriff des MfS mit fingierter Untersuchungshaft

Am 7. August schlug das MfS überraschend zu. Im Laufe des Vormittags hatte sich ein Teil der Besatzung in Werkstätten und Lager zur Schiffsausrüstung innerhalb des Stützpunktes zu melden. Ihr Auftrag war jedoch fingiert. Das Szenario der vorläufigen Festnahme gab das MfS vor, VM-Kommandeure der 4. SB blieben außen vor. Anstelle des ansonsten freundlichen Lagerverwalters empfing sie dort das MfS. In Abstimmung mit der MfS-Bezirksverwaltung Rostock befahl der Leiter der MfS-Abteilung VM, Oberst Bünning, die Verdächtigen zur „Klärung eines Sachverhalts zu befragen". Das bedeutete Verhaftung und Überstellung in die MfS-Bezirksverwaltung. Kommandant, Abteilungs- und Brigadechef gerieten zeitweilig in die Rolle des Zuschauers über die nun ablaufenden Ereignisse. In den ersten Verhören erhärtete sich der Verdacht der Vorbereitung einer Gruppenfahnenflucht mit einkalkulierter Schiffsentführung. Die Verdächtigen kamen in Untersuchungshaft. Ein Ermittlungsverfahren wurde eingeleitet, es mussten Beweise beschafft werden.

Bezeichnend für die Untersuchungsmethoden des MfS und im Besonderen der Abteilung IX/6 war der permanente Legitimationszwang, dem sich die diensteifrigen Mitarbeiter selbst aussetzten. Deutlich wurde das u. a. in der Inszenierung der Gründe für die Untersuchungshaft der drei Matrosen. Da die Zeit für die vorläufige Festnahme ablief, ohne dass ausreichendes Beweismaterial zur Begründung für die weitere Inhaftierung zusammengetragen werden konnte, musste eine neue Arreststrafe her. Mit diesem MfS-Ansinnen sah sich der amtierende Stabschef der 4. SB konfrontiert. Das MfS erteilte dem Navigationsoffizier kurzerhand den Befehl, die in Rostock einsitzenden Matrosen mit jeweils „10 Tagen Arrest wegen versuchter Fahnenflucht" zu bestrafen. Eskortiert von MfS-Leuten in Zivil brachte man den Marineoffizier in die MfS-Zentrale. Er selbst wurde über den Vorgang der geplanten Fahnenflucht nicht informiert. Er fragte seinen Begleiter, weshalb die Matrosen einsaßen und aus welchem Grund die ihm unterstellten Marinesoldaten der 2. U-Jagdabteilung zu bestrafen seien. In Kenntnis der Disziplinarvorschrift DV 10/6 entgegnete er, dass es lt. dieser NVA-Vorschrift nicht gestattet ist, Soldaten lediglich wegen einer Annahme oder Vermutung zu bestrafen. Dieses Argument brachte den MfS-Mann vollends zum

Ausrasten. „Sie haben sich gefälligst etwas einfallen zu lassen", bekam er zur Antwort. Man gab dem Marineoffizier zu verstehen, dass er bei Zweifel an der Rechtmäßigkeit der MfS-Weisung gleich hier bleiben könne. Bekanntlich gibt es in der Höhle des Löwen kaum Alternativen. Mit mulmigen Gefühlen betrat er die Zellen der in Einzelhaft sitzenden Matrosen und verkündete ihnen den aufgegebenen Text der Haftverlängerung, den MfS-Mann in Zivil stets hinter sich wissend. Beim Anblick der ihm unterstellten Marineangehörigen kamen dem Stabschef Bedenken, sind das auch die Richtigen? Danach konnte der in der 4. Flottille allseits geachtete Marineoffizier sein Missfallen über diesen Eingriff des MfS in militärische Strukturen und in die Befehlsgewalt nicht verbergen. Das Erlebnis öffnete dem Fregattenkapitän die Augen. Wenn es so einfach ist, junge Menschen nur wegen eines Verdachts ihrer Freiheit zu berauben, dann wirft das einen Schatten auf den Sozialismus „Made in GDR", dessen militärischen Schutz er sich seit 1952, dem Eintritt in die damalige VP-See, zur Aufgabe gemacht hatte. Ihm gebührt das Verdienst, 1957 als jüngster und zugleich parteiloser (kein SED-Mitglied) Kommandant auf dem MLR „613" Typ HABICHT in der VM eingesetzt worden zu sein. Anfang der 70er Jahre geriet er ins Visier des MfS. Seine öffentlich geäußerten Zweifel über Unzulänglichkeiten im Dienst und dem „Staat im Staate" blieben der „Firma" nicht verborgen. 1977 quittierte er seinen Dienst.

25 Jahre später erfuhr er im Ergebnis seiner Akteneinsicht in der BStU-Behörde, dass man ihn über Jahre beschattet hatte. Man sah in dem „ewig nörgelnden" Marineoffizier einen Feind des Sozialismus. Im August 2002 traf ich meinen ehemaligen Stabschef wieder. Seine Verfassung war nicht die beste. Seine Wohnung glich einem Aktenlager. Auf dem Fußboden, dem Tisch und auf den Schränken lagen überall Kopien, MfS-Dokumente über sein Leben. Innerlich bewegt, zitierte er aus jenen Vorgängen, die fast 30 Jahre zurück lagen. Mir kam alles so vor, als sei es gestern passiert. Dann zeigte er mir eine Liste mit sage und schreibe 32 IMs, alles Personen, die auf ihn angesetzt waren. Darunter befanden sich auch mir bekannte Namen von Vorgesetzten, Zivilbeschäftigten und vermeintlichen Freunden. Dieses Erlebnis bestärkte mich in der Überzeugung zur Aufarbeitung meiner eigenen Geschichte, des MfS-Vorgangs „Vorposten".

Die weitere, nach der Verhaftung der Matrosen fünf Monate andauernde Untersuchung des Falls bis zur Anklageerhebung durch den Militärstaatsanwalt erfolgte überwiegend in Zuständigkeit der MfS-HA IX/6. Für eine wasserdichte Haftbegründung benötigte man schnellstens diverse personenbezogene Einschätzungen. Am 7. Hafttag forderten die untersuchungsführenden Genossen des MfS eine ausführliche dienstliche Beurteilung über die Lage auf dem Schiff „421", eine Aufstellung über Zeitpunkte und Inhalte der Belehrungen zur Geheimhaltungsvorschrift DV 10/9a sowie eine Auflistung über alle geheim zu haltenden Dinge, die den Beschuldigten seit deren NVA-Eintritt im Jahr 1971 irgendwie bekannt sein könnten. Für den unterstellten Geheimnisverrat forderte das MfS „Gutachten über militärische und spezialfachliche Kenntnisse" des Sperrgastes (GA III), des Hydrogastes (GA IV) und des E-Maschinisten (GA V). Die Gutachten waren zu siegeln und von zwei verantwortlichen Marineoffizieren des Brigadestabes zu unterschreiben. Alles trug den Vermerk: „Eilt – Haftsache!"

Mein Kommandant und ich als LI hatten für die drei Besatzungsangehörigen einen Auszug aus deren Belobigungs- bzw. Bestrafungskartei einzureichen. Diese ebenfalls in einem MfS-Ordner archivierten Schriftstücke habe ich damals mit Freude als Rechtsunterzeichner unterschrieben. Mit unseren Unterschriften attestierten wir zwei Matrosen einen vorbildlichen militärischen Dienst und tadelloses Verhalten. Der mir direkt unterstellte E-Gast erhielt wegen seines arbeitsintensiven Bord-Einsatzes mehrere Belobigungen. Auf das Konto des Funkmessgastes entfielen sogar 7 Belobigungen. Mit Ausnahme des Sperrgastes, der mit 6 Bestrafungen und seiner provokatorischen Art tatsächlich ein Bolzendreher war, handelte es sich bei den Beschuldigten keinesfalls um notorische Disziplinverletzer. Den Sperrgast, der dem Kommandanten bei angetretener Besatzung häufig ins Wort fiel, erlebte ich als notorischen Nörgler. Vielleicht gehörte es auch zu seiner damaligen Taktik, lautstark seine Dienstunwilligkeit zu demonstrieren, um so Gleichgesinnte für sein Fahnenfluchtvorhaben zu akquirieren. Eine Arreststrafe quittierte er z. B. mit der Bemerkung: „Endlich sehe ich die Arschlöcher nicht mehr." Eine derartige Protesthaltung und permanente Dienstverweigerung an Bord brachte den Sperrgast in eine scheinbare Außenseiterrolle. Obwohl ich als LI gerade mal vier Jahre älter war als er, konnte ich den Mann weder verstehen noch sein Verhalten akzeptieren. Er hielt uns permanent in Schach. Seine vom Kommandanten und vom I WO beantragte Abversetzung von Bord wurde durch die Vorgesetzten im Brigadestab abgelehnt. Das hat keiner verstanden. Selbst den Kameraden im Deck ging die Quasselei „ihres“ Sperrgastes allmählich auf die Nerven. Ohne ihn hätten die IMs sicherlich nichts mehr zu berichten. Vielleicht hätte sich dann das Fahnenfluchtvorhaben auf „421“ im Ostseewind zerstreut.

Die Einschätzung über die Situation auf unserem U-Jagdschiff bekam ich erst 2002 in den BStU-Akten zu lesen. Schlechter als hier vom MfS abgelichtet, konnte man wohl kaum sein. Mit teuflischem Spürsinn wurden hier Informationen für eine Art Bolzen-Trophäensammlung an Bord zusammentragen. Den IMs blieb wirklich nichts verborgen. Alles, was im Dienstalltag einen negativen Anstrich hatte, von der Landgangsüberschreitung, technischen Störung oder Schwänzen beim Frühsport, wurde notiert. Selbst belanglose Kommentare über langweilige Sendungen im DDR-Fernsehen fanden in dem Bericht Erwähnung. Durch meine Versetzung im September 1973 zum Studium nach Berlin, rückte ich vielleicht aus der Schusslinie des MfS. Die disziplinarischen Einschläge bei Offizieren des Abteilungs- und Brigadestabes wegen der angeblich desolaten Situation an Bord und in der U-Jagdabteilung erreichten mich nicht mehr.

Vorgeworfener Verrat militärischer Geheimnisse

Für ihre politische Anerkennung in der BRD und wegen erhoffter persönlicher Vorteilsnahme waren angeblich alle drei der Fahnenflucht-Verdächtigen bereit, ihre im Verlauf des Dienstes erlangten militärischen Kenntnisse bei Befragungen an westliche Geheimdienste zu verraten. Laut den MfS-Ermittlungen beabsichtigten sie, brisante Borddokumente mit VVS-und GVS-Charakter bei der Schiffsentführung zu entwenden und NATO-Dienststellen auszuhändigen. Dazu gehörten u. a. Filter und Code der Freund-Feind-Kennungsanlage, Funkverschlüsselungstabellen sowie Spezialtechnik.

Auffallend ist der Umfang der entsprechenden Beweisführung im Ermittlungsverfahren. Eine dreiseitige „Aufstellung über geheim zu haltende militärische Tatsachen, die jedem Beschuldigten bekannt sind oder bekannt sein können“ (!) enthält folgende Fakten, die hier gestaffelt nach dem unterstellten Kenntnisgrad zusammengefasst sind:

- *„genaue Kenntnisse"* zur Bewaffnung und Ausrüstung des U-Jagdschiffes 201-M, zum Bestand und der Struktur aller Schiffsabteilungen der Flottille einschließlich von Tank- und Versorgungsschiffen, Schleppern und des SHD sowie über Offiziere der 4. SB
- *„Kenntnisse"* über Hafenlage, Liegeplätze und Anleger mit durchschnittlichen Wassertiefen sowie zur Versorgung und Bewachung des Stützpunktes und zum Dienstbetrieb an Bord, aller Abteilungen und des Stabes der 4. SB
- *„lückenhafte Kenntnisse"* zur Bewaffnung und technischen Ausrüstung aller Kampf- und Hilfsschiffe im Bestand der 4. Flottille
- *„mögliche Kenntnisse"* zur Struktur der Flottille, den Stufen der Gefechtsbereitschaft und der Benachrichtigung bei Alarm sowie über die Lage und die Versorgungsmöglichkeiten weiterer VM-Stützpunkte
- *„angenommene Kenntnisse"* zur SED- und FDJ-Organisation, über den politisch-moralischen Zustand der Besatzungen, ihr Stimmungs- und Meinungsbild sowie die Haltungen des Personalbestandes zum Feindbild.

Darüber hinaus waren die Beschuldigten lt. MfS-Untersuchung in Anbetracht ihrer in der Grund- und Spezialausbildung erlangten Kenntnisse bereit, Geheimnisverrat über die Zweckbestimmung der SSTA Dänholm und Flottenschule in Parow zu üben. Das betraf Informationen zur Objektbeschaffenheit, Struktur, Personalstärke und Bewachung der SSTA und der Flottenschule einschließlich des Übungsgeländes, des Schießplatzes und sogar der Anordnung der Waffenkammern. Der in der Anklageschrift vorgeworfene „Geheimnisverrat der Spionage" erfasste auch Kenntnisse zur Hubschrauberstaffel (MHG-18) in Parow, zum zentralen Munitionslager der 4. Flottille in Markgrafenheide sowie zu den im Stützpunkt der 4. Flottille stationierten Einheiten der 6. GBK. Selbst aus der Teilnahme eines Matrosen am Marinemanöver „Taifun" der BRF, PSKF und VM befürchtete man den Abfluss von Kenntnissen über die dabei aufgetretenen Unzulänglichkeiten.

Den Beweis dafür, in welchem Maße dieses von den Untersuchungsführenden akribisch aufgelistete Faktenmaterial tatsächlich bei jedem

Beschuldigten wissensmäßig präsent war, sucht man in den MfS-Akten vergeblich. So wird der Spagat zwischen dem Umfang und Inhalt des vorgeworfenen Verrats militärischer Belange, die der Geheimhaltung unterlagen, mit dem tatsächlichen Wissen deutlich. Offensichtlich schien bei der Festlegung des Strafbestandes für Spionage eine theoretische Faktensammlung ausreichend, ohne den Beweis über das tatsächliche Wissen zu erbringen.

Ohne den Beschuldigten geistige Unterbelichtung unterstellen zu wollen, kann die vom MfS angeforderte und von den Marinefachleuten erstellte Übersicht zum militärischen Kenntnisstand jedes Matrosen als total überzogen angesehen werden. Viele der hier aufgelisteten Fakten waren nicht einmal mir im Detail bekannt. In dem Gutachten des E-Maschinisten „über militärische und spezialfachliche Kenntnisse vom 7.9.1973" sind keine Fakten mit VVS-Charakter erkennbar. Einschätzungen über das völlig veralterte Schiffsprojekt 201-M hatten für den Gegner keinerlei Neuigkeitswert. Aus der allgemein bei Freund und Feind bekannten Reparaturhäufigkeit der desolaten Schiffstechnik und dem damit verbundenen Einsatz von Monteuren aus der Industrie ließen sich jedoch nach Ansicht der Marinegutachter Rückschlüsse auf die Verbindung von NVA und Industrie ableiten. Das durfte weder der Bürger noch der Gegner wissen. Aus der Ähnlichkeit der Hauptantriebsmaschine D 30 vom U-Jagdschiff 201-M mit dem Maschinentyp D 40 auf den erst 1971 in Dienst gestellten MSR 89.2 (KONDOR II) ließen sich angeblich Rückschlüsse auf die Leistungsfähigkeit dieses neuen MSR-Fahrzeuges ableiten. Bei konsequenter Verfolgung dieses überzogenen Sicherheitsdenkens wären seinerzeit auch alle die Lokführer der Deutschen Reichsbahn zur Verschwiegenheit verpflichtet gewesen, die auf den 378 russischen Dieselloks „V 120" (Baureihe 220) auf der Schiene durch die Lande fuhren. Diese in Woroschilowgrad gebauten leistungsstarken Loks kamen ab 1967 in die DDR zum Einsatz. Sie hatten die gleiche Antriebsmaschine vom Typ D-40 an Bord wie die U-Jagdschiffe und MSR. Selbstverständlich gab es einen wesentlichen Unterschied. Die Lok benötigte zur Fortbewegung keine Propeller, sondern einen über Fahrmotore übertragenen sechsachsigen Antrieb.

Angesichts der 1972/73 vis-a-vis zum Ostufer des Warnemünder Breitlings zur Abwrackung auf Grund gesetzten U-Jagdschiffe gleichen Typs, KSS und MLR, sind Zweifel über den damals auferlegten Geheimnisschutz dieser Schrotttechnik berechtigt. Die Stichhaltigkeit der militärtechnischen Gutachten für den Vorwurf der Spionage ist aus heutiger Sicht an den Haaren herbeigezogen. Das sahen damals die MfS-HA IX/6 und Anklageerhebung durch den Militärstaatsanwalt VM offensichtlich anders. Nach deren Ansicht trugen die, den Beschuldigten bekannt gewordenen Tatsachen „im wesentlichen GVS-und VVS-Charakter. Der Verrat an Geheimdienste stellt eine erhebliche Verletzung der Sicherheitsinteressen der Landesverteidigung der DDR und der Teilstreitkräfte des Warschauer Vertrages dar."

Dem als „hauptschuldig" eingestuften Sperrgast fiel es z. B. schwer, einen Satz mit etwa zehn Wörtern fehlerfrei zu schreiben. Wie so einfache junge Bürger mit geringem Bildungsgrad und ohne besondere Fachqualifikation für den Sozialismus gefährlich und für die NATO interessant werden konnten, bleibt ein Rätsel.

Szenario der Schiffsentführung: Spekulation über Aktion und Reaktion

Mit dem Versuch der gewaltsamen Kommandoübernahme auf dem U-Jagdschiff und der damit im Zusammenhang stehenden Entführung des Marineschiffes in die BRD verliert das Fahnenfluchtvorhaben der drei Matrosen den Charakter einer Privatangelegenheit. Wer die Bord- bzw. Dienstorganisation auf einem Kriegsschiff bewusst und vorsätzlich mit allen Konsequenzen infrage stellt und dabei auch die Gewaltanwendung gegenüber der regulären Schiffsführung und von Besatzungsangehörigen einkalkuliert, begeht *offene Meuterei auf See.*

Den Beschuldigten muss damals wie heute klar sein, dass jede Form der Gewaltanwendung, die Gefahren für das Schiff und seine Besatzung heraufbeschwören sowie die Ordnung und Sicherheit an der DDR-Staatsgrenze (See) infrage zu stellen drohen, entschiedene Gegenmaßnahmen zur Folge haben. Die beabsichtigte Übernahme der Schiffsführung auf einem Kampfschiff der VM setzt die Ausschaltung der regulären Kommandoführung voraus. Dazu sind nach MfS-Ermittlungen Überlegungen von den Beschuldigten angestellt worden. Handlungsoptionen hinsichtlich von Aktion und Reaktion auf das geplante Vorhaben sind rein akademisch. Wer jedoch die Anwendung von Gewalt zur Durchsetzung von persönlichen Interessen plant, rechnet selbst wohl kaum mit Milde bzw. Toleranz. Angesichts des Aktenvermerks, wonach die Matrosen „die Anwendung von Waffengewalt gegenüber der restlichen Besatzung abgesprochen und in Betracht gezogen haben", kann eine Auseinandersetzung an Bord nicht ausgeschlossen werden. Varianten der Abwehr bzw. von Gegenmaßnahmen resultieren dabei in erster Linie aus den Handlungen der mutmaßlichen Entführer. Der Sicherheit der Besatzung und des anvertrauten Kampfschiffes verpflichtet, hätten wir dem Versuch einer gewaltsamen Kommandoübernahme nicht passiv widersprochen bzw. diese im Schiffstagebuch teilnahmslos „quittiert". Ob die Tatentschlossenheit der Entführer durch Einrede bzw. Überredung hätte gebrochen werden können, lässt sich schwer beurteilen. Würde die Chance des gewaltlosen Widerstandes für eine Fluchtverhinderung Erfolg versprechen, dann hätten wir diese durchaus genutzt. Zumindest hält diese Variante weitere Handlungsoptionen der psychologischen Beeinflussung offen. Jedenfalls wäre diejenige Partei zur Aufgabe ihrer Handlung gezwungen, deren Drohkulisse in diesem Moment am schwächsten ausgeprägt ist. Im Verlauf ihrer 8-monatigen Bordzugehörigkeit und Beobachtung der Vorgesetzten dürften die Entführer wohl zu der Erkenntnis gelangt sein, dass die Bordoffiziere zur Selbstverteidigung und Abwehr der geplanten Schiffsentführung von der Schusswaffe, der Pistole Makarow, Gebrauch machen. Und auch wenn es den Entführern tatsächlich gelungen wäre, die Bordoffiziere wie beabsichtigt zu neutralisieren, wären sie zur Aufrechterhaltung des Schiffsbetriebes auf die Mithilfe von Besatzungsangehörigen angewiesen. Der E-Maschinist hätte niemals allein die Hauptmaschinen fahren, geschweige denn eine technische Störung an Bord beheben können. Er beherrschte lediglich die Hilfsdiesel zur Stromversorgung. Aber als ein weithin leuchtender Weihnachtsbaum wollten die Entführer ohnehin nicht gen Westen fahren. Sobald das Schiff im Vorpostengebiet nahe Fehmarnbelt manövrierunfähig in See liegen geblieben wäre und auf Funkanrufe des Stützpunktes oder Kommandos VM nicht reagiert, hätte das Maßnahmen von anderen Fahrzeugen bzw. von Marinehubschraubern zur Folge gehabt. Durch den Zugriff des MfS blieb allen dieses Szenario erspart. Menschen kamen nicht in Gefahr. Der geplante Verstoß gegen die Ordnung und Sicherheit der DDR-Seegrenze wurde verhindert, ebenso der beabsichtigte Durchbruch zur BRD-Küste.

Ferner muss in der Zeit militärischer Konfrontation in Betracht gezogen werden, dass sich die Schiffsentführung zugleich gegen den Staat richtet, auf dessen Seefahrzeug diese Aktion geplant wird bzw. durchgesetzt werden soll. Die Entführung eines VM-Schiffes berührt sowohl die Sicherheitsinteressen der DDR als auch die der Seestreitkräfte des Warschauer Vertrages. Die in diesem Bündnis verwendete Freund-Feind-Kennungsanlage verliert bei Verrat der Codierung ihre Zweckbestimmung, u. a. der verdeckten Schiffsbewegung in See. Bei Verlust der geheimen Funkunterlagen wäre die NATO in der Lage gewesen, die Nachrichtenverbindungswege der Seestreitkräfte des Warschauer Paktes abzuhören.

Bekanntermaßen wurden Marineschiffe in der Zeit der Ost-West-Konfrontation nicht für den innerdeutschen Transitverkehr auf der Ostsee gebaut und als potentielles Seeverkehrsmittel für etwaige DDR-Fluchtwillige vorgehalten. Die hin und wieder anzutreffenden Spekulationen in dieser Sache sind völlig absurd. Vorstellungen über ein Längseitsgehen des U-Jagdschiffes an ein BGS- oder BM-Fahrzeug im internationalen Seeraum begleitet mit einem freundlichen „Moin, Moin, Jungs wir haben für euch drei Übersiedler an Bord“, gehören in Grimms Märchenwelt. Das dennoch wiederholt in der DDR aufgewachsene junge Männer ihre VM-Dienstzeit für eine Republikflucht nutzten und dass sie dabei das Risiko von Fehlschlägen und Strafverfolgung nicht abschreckte, macht betroffen und stimmt nach dem Fall der Mauer immer wieder nachdenklich.

Das friedliche, geduldete Einlaufen eines U-Jagdschiffes der VM in einen Hafen bzw. Marinestützpunkt der BRD erscheint eher unwahrscheinlich. Es war damals kaum anzunehmen, dass nach der Konferenz über Sicherheit und Zusammenarbeit in Europa, im Juli 1973, eine Seite Interesse an einen derartigen militärischen Zwischenfall gehabt hätte. Erhärtet wird diese Annahme durch das Beispiel der gelungenen Flucht des DDR-Zollbootes „ZB 302“ am 23./24. Oktober 1971 nach Rödby Havn. Auf das Ersuchen der sechs Flüchtigen, Travemünde anlaufen zu dürfen, ließ die BRD-Regierung mitteilen, dass sie das DDR-Zollboot nicht auf ihrem Territorium wünsche. Ganz abgesehen von den denkbaren militärischen Szenarien zur Verhinderung der Entführung eines VM-Schiffes in die BRD können die dabei in Betracht zu ziehenden politischen Verwicklungen, die diese Aktion zur Folge gehabt hätte, nicht unberücksichtigt bleiben.

Ein Beispiel militärischer Eskalation in See lieferte die Fluchtodyssee der DDR-Segelyacht TORNADO im Seegebiet nördlich Darßer Ort am 15. Juli 1975. Nach gelungener Republikflucht in internationales Seegebiet nahm BGS 14 DUDERSTADT auf Bitten des Skippers die Yacht mit Kurs West 270° in Schlepp. Um die Flucht des mit vier Personen besetzten Segelbootes zu verhindern, setzte die 6. GBK außerhalb der Dreimeilenzone nacheinander drei ihrer MSR vom Typ KONDOR I ein. Den MSR gelang es jedoch nicht, die Yacht aus dem Schleppverband herauszulösen. Sämtliche Fahrzeuge der GBK waren gefechtsklar, die Munition an den 25mm-Geschützen angeschlagen. Der BGS-Kommandant ließ nun auch in den Brückennocken Maschinengewehre aufstellen und mit Munition laden. Während die Flüchtigen, eine Familie aus Rostock-Warnemünde, auf das für sie sichere BGS-Fahrzeug umstiegen, setzten BGS-Beamte auf der Segelyacht die BRD-Flagge. Dem Hilferuf per Funk von BGS DUDERSTADT folgend, griffen die Boote BGS 12 und 17 sowie ein BGS-Hubschrauber in das Geschehen in See Höhe Gedser Feuerschiff ein. Um der Segelyacht und der Republikflüchtigen habhaft zu werden, verstärkte die Kommandostelle der 6. GBK die Drohkulisse auf See. Sie forderte von der VM zwei TS-Boote vom Projekt 206 (Typ SHERSHEN) der 6. Flottille in Dranske an. Als beide Boote mit Höchstfahrt heranbrausten, wurde die Lage immer bedrohlicher. In dieser Situation forderte der BGS-Kommandant die Hilfe der Bundesmarine an. Eine Stunde vor Mitternacht des 14. Juli löste die NATO Alarm aus. Zwei Schnellboote stachen von Olpenitz mit Höchstfahrt und Kurs Ost in See. Zwei NATO-Kampfhubschrauber näherten sich ebenfalls dem Einsatzgebiet. Aus der Flucht einer harmlosen Segelyacht entwickelte sich innerhalb weniger Stunden eine gegnerische Kräftekonfrontation in See, die zu allem entschlossen schien. Die militärische Lage auf See drohte zu eskalieren. Die Politik schien stundenweise in Seenot geraten zu sein. In dieser den Frieden gefährdenden Situation brachen die Fahrzeuge der GBK und VM auf allerhöchsten Befehl die Aktion ab. Die DDR-Fahrzeuge erhielten den Befehl zum Rückzug. Der drohende Schlagabtausch fand durch glaubhafte Abschreckung nicht statt. Zum Glück wiederholte sich ein derartiger Vorfall in der Ostsee nicht. Eine Woche später wurde die Besatzung von BGS 14 vom Bundesinnenminister empfangen und belobigt.

Widersprüche in MfS-Ermittlungen

Nach Analyse der BStU-Akten bleiben in den Ermittlungen zur unterstellten Gewaltbereitschaft mit geplanter Schiffsentführung einige Fragen offen. So taucht der Aspekt der von den Fahnenflüchtigen in Betracht gezogenen Waffenanwendung erstmals im Bericht der Untersuchungsabteilung HA IX/6 vom 3. November 1973 auf, also erst im Ergebnis von drei Monate andauernden Verhören und den dabei erstellten 46 Vernehmungsprotokollen sowie acht Zeugenaussagen. Da kommen einem schon Zweifel über die tatsächliche Gewaltbereitschaft. Weder die Akte „Vorposten", der vom 8. August 1973 datierte Beschluss zum Operativ-Vorgang, noch der ein Jahr (!) später von der MfS-UA in der 4. Flottille vorgelegte Abschlussbericht vom 23. Juli 1974 enthalten darüber Informationen. Im UA-Zwischenbericht vom 2. August 1973, also noch vor der Festnahme der Matrosen, ist vermerkt: „Hinweise auf eine Gewaltanwendung von Waffen und Munition gibt es nicht". Die von der UA mit ihren IMs im Verlauf der 6-monatigen Fahnenflucht-Vorbereitung zusammengetragenen Fakten sind zum Teil nicht mit den anschließenden Ermittlungsergebnissen der HA IX/6 identisch. Die Gewichtung der Gewaltbereitschaft wurde seitens der UA in der 4. Flottille geringer eingeschätzt und abschließend gar nicht mehr erwähnt. Somit unterscheiden sich die Auffassungen des MfS zur Gewaltbereitschaft. Zu hinterfragen ist aus diesem Grunde: Wie und unter welchen Umständen sind die schwerwiegenden Erkenntnisse über eine Waffenanwendung und die entsprechenden schriftlichen Äußerungen der Beschuldigten in der U-Haft zustande gekommen?

Offensichtlich passten strafmindernde, die Beschuldigten entlastende Aussagen nicht in das Bild der Ermittlungen. Der E-Maschinist erwähnte am 1. November 1973, also elf Wochen nach seiner Verhaftung, in einem Schriftstück, dass die Anwendung von Handfeuerwaffen in Erwägung gezogen worden war. „Wir dachten, über den Waffenwart, Stabsmatrose X (wahrscheinlich IM), Waffen zu bekommen." Im Ergebnis ihrer Beobachtungen mussten die zur Fahnenflucht entschlossenen Männer jedoch feststellen, dass der Kommandant während des See-Einsatzes die Waffenkammerschlüssel selbst verwahrte. Man sah kaum eine Möglichkeit, an die Schlüssel heranzukommen. Die daraus von einem Beschuldigten abgeleitete Schlussfolgerung, „wir wollten das Vorhaben ohne Anwendung von Waffen ausführen", blieb offensichtlich von den Ermittlungsführenden der HA IX/6 und Militärstaatsanwalt VM unbeachtet.

In Kenntnis der nach 1990 bekannt gewordenen MfS-Untersuchungsmethoden ist nicht auszuschließen, dass die HA IX entsprechend ihrer beschriebenen Sonderstellung innerhalb des MfS Aussagen von Beschuldigten unter Haftbedingungen manipulierte und Ermittlungsergebnisse nach politischen Zielvorgaben interpretierte.

Anklage: Spionage – Terror – Fahnenflucht – Schiffsentführung

Fünf Monate nach ihrer Inhaftierung erhob der Militärstaatsanwalt im Kommando VM am 10. Januar 1974 vor dem Militärobergericht Neubrandenburg Anklage gegen die drei Beschuldigten wegen „gemeinschaftlich handelnd, Spionage in Tateinheit mit Terror im besonders schweren Fall unternommen sowie eine Fahnenflucht im schweren Fall vorbereitet zu haben". Der Umstand, dass ein für den Vorpostendienst eingesetztes Kampfschiff der VM zu einem „terroristischen Akt an der Staatsgrenze benutzt werden sollte", stellte im Sinne der Anklage entsprechend §§ 97, 101, 110 und 254 StGB (DDR) „einen schwerwiegenden Gewaltakt gegen die Ordnung der DDR-Staatsgrenze dar". Die seitens des MfS ermittelte „Kommandoübernahme, erforderlichenfalls auch mit Waffengewalt", rechtfertigte nach Ansicht des Militärstaatsanwalts, den Vorgang als „besonders schweren Fall des Terrors" mit „außerordentlich hoher Gesellschaftsgefährlichkeit" sowie als „besonders schweren Fall eines Staatsverbrechens" einzustufen.

Intensive Ermittlungen erstreckten sich auf das Persönlichkeitsbild der Beschuldigten. Das belegen die vielen Schwärzungen in den BStU-Akten über ganz persönliche Dinge. Man stöberte selbst in den Akten des Referats für Jugendfragen eines Beschuldigten, um Erziehungsprobleme im Jugendalter (1968) zu ergründen. Auch nachträglich angeforderte Beurteilungen von Lehr- bzw. Arbeitsstellen wurden für die Ermittlungen herangezogen.

Da die zum Teil konspirativ gewonnenen personenbezogenen Erkenntnisse des MfS vor Gericht nicht verwendet werden konnten, beschlagnahmte man 9 persönliche Briefe eines Beschuldigten an seine Ehefrau. Auf diese Weise beschaffte sich das MfS „legal" Informationen über die darin enthaltenen negativen Ansichten zum politischen System und Leben in der DDR sowie den Dienst in der NVA/VM. Der als staatsfeindlich deklarierte Inhalt der Briefe diente der Anklage dann u. a. als Beweismaterial für die strafrechtliche Verfolgung. Die 16-seitige Anklageschrift des Militärstaatsanwaltes bescheinigte den Matrosen eine „gleich geartete politisch-ideologische feindliche Einstellung zu den gesellschaftlichen Verhältnissen in der DDR". Dies erkläre nach Ansicht der Anklage „das Zustandekommen der feindlichen Gruppenbildung mit dem Ziel, Spionage, Terror und Fahnenflucht zu begehen". Ob das die Beschuldigten auch so sahen, darf bezweifelt werden. Ein Matrose versuchte, seine Beteiligung an der Fahnenflucht-Vorbereitung zu leugnen. Er wurde daraufhin mit gegenteiligen Aussagen seiner beiden Kumpane konfrontiert.

Die im Verlauf der Verhöre ermittelte „Bereitschaft der Angeklagten, um des persönlichen Vorteils willen Geheimnisverrat zu begehen" bzw. „GVS-und VVS-Unterlagen bei der Schiffsentführung zu entwenden", machte sie für die Anklage (§ 97 StGB) „des Verbrechens der Spionage schuldig".

Ohne die Gefährlichkeit und Verurteilungsrelevanz der geplanten Gruppen-Fahnenflucht auf einem Marineschiff verharmlosen zu wollen, wird heute bei Analyse der Akten erkennbar, dass die Anklage ganz im Zeichen des Kalten Krieges stand. In einer zeitlich außergewöhnlich lang geführten Ermittlungsphase wurden die drei Matrosen systematisch zu Staatsfeinden aufgebaut. In Unkenntnis des Zustandekommens der Verhör- und Zeugenprotokolle sowie der tatsächlichen Gewaltbereitschaft gegenüber der Besatzung des U-Jagdschiffes „421" entsteht der Eindruck, dass hier eine geplante Fahnenflucht zum staatsfeindlichen Zusammenschluss hochstilisiert wurde. Wen wundert es, dass selbst die übereinstimmenden Reue- und Treuebekenntnisse in den abschließenden Erklärungen aller drei Beschuldigten ihre strafmildernde Wirkung vor Gericht verfehlten.

Militärobergericht Neubrandenburg: „Im Namen des Volkes"

Unter Ausschluss der Öffentlichkeit fand die Verhandlung in der Strafsache am 5./6. März 1974 vor dem 1a Strafsenat beim Militärobergericht Neubrandenburg statt. An der Verhandlung nahmen neben dem Militärrichter, zwei Militärschöffen und dem Militärstaatsanwalt im Kommando VM auch zwei Rechtsanwälte und ein Protokollführer teil. Die Beschuldigten wurden aus dem MfS-Untersuchungsgefängnis Neustrelitz zugeführt. Einem Angeklagten stand ein Wahlverteidiger zur Seite. Die beiden anderen Matrosen hatten einen bestellten Verteidiger. Laut dem Gerichtsprotokoll „waren die Angeklagten im wesentlichen geständig". Nach Ansicht des Gerichts „ergab sich der Wahrheitsgehalt ihrer Aussagen aus den übereinstimmenden Aussagen in der Hauptverhandlung". Besonders schwerwiegend bewertete das Gericht die geplanten Handlungen bei möglicher Tatvollendung. Danach waren „die geplanten Handlungen geeignet, um bewaffnete Auseinandersetzungen auf See mit den Feinden der DDR herbeizuführen". Nach Ansicht des Gerichts haben die Angeklagten „Handlangerdienste für die Feinde des sozialistischen Staates geleistet" und so die „verbrecherischen Ziele des Klassengegners direkt unterstützt".

Das Gericht folgte dem Antrag des Militärstaatsanwalts und verurteilte den Hydrogast und den E-Maschinisten zu je neun Jahren Freiheitsstrafe. Der Sperrgast erhielt eine Freiheitsstrafe von sieben Jahren. Das Strafmaß begründete das Gericht mit der Notwendigkeit, „die Angeklagten entsprechend zu erziehen". Das StGB der DDR sah für versuchte und vorbereitete Fahnenfluchten im schweren Fall Freiheitsstrafen von zwei bis zehn Jahren vor. Der Form halber wurden alle drei Matrosen nach der Urteilsverkündung fristlos aus der VM entlassen. Die Verurteilten legten anschließend beim Kollegium für Militärstrafsachen beim Obersten Gericht der DDR Berufung ein. Unter Bezugnahme auf § 291 der Strafprozessordnung (DDR) rügten sie darin u. a. „die ungenügende Aufklärung des Sachverhaltes" und beantragten, „auf eine geringere Strafe zu erkennen". In seiner Stellungnahme beantragte der Militärstaatsanwalt VM, „die Berufung als offensichtlich unbegründet durch Beschluss zu verwerfen", was dann auch geschah.

Während in Neubrandenburg die Urteile gegen drei Marinesoldaten verkündet wurden, passierte an diesem 5. März 1974 in Berlin noch etwas anderes. Sicherlich zufällig, dafür aber zeitgeschichtlich interessant, ist die Ehrung des Vorsitzenden des Nationalen Verteidigungsrates (DDR), Erich Honecker, mit dem Scharnhorst-Orden, der höchsten militärischen Auszeichnung der DDR. Hier lautete die Begründung: „In Würdigung der großen Verdienste um die Entwicklung und Stärkung des bewaffneten Schutzes der DDR".

Dass die Fahnenflucht-Geschichte mit der Verurteilung noch nicht zu Ende war, belegen die erst 1979 bekannt gewordenen Umstände der Haftverbüßung. Zur besten Sendezeit um 20.15 Uhr präsentierte Herr Löwenthal am 6. Juni 1979 im ZDF-Monitor den kurz zuvor von der BRD freigekauften Herrn X (Ex-Sperrgast auf „421"). Pro „Freikauf" bezahlte die Bundesregierung der DDR ab 1977 den stattlichen Pauschalbetrag von 96.000 DM - ein heute in der Öffentlichkeit kritisiertes politisches „Geschäft", weil es der DDR zu Devisen verhalf, ohne dass sich am System etwas änderte. Es brachte aber vielen in der DDR politisch Verfolgten und in Haft einsitzenden Bürgern die Freiheit.

Die ZDF-Sendung wurde vom MfS in Berlin und der Arbeitsgruppe Spezialpropaganda in der 4. Flottille mitgeschnitten. Es gehörte zum dienstlichen Aufgabenbereich des Bereiches Spezialpropaganda der 4. Flottille und im Kommando VM, aktuell politische Sendungen von ARD und ZDF zu verfolgen und gegebenenfalls aufzuzeichnen. Westdeutsche Rundfunk- und Fernsehbeiträge sowie Presseartikel, die das Leben und die politischen Verhältnisse in der DDR thematisierten, wurden analysiert und dann dem Offizierspersonalbestand zur Kenntnis gebracht. All das sollte zur politisch-ideologischen Profilierung beitragen. Als ich den Mitschnitt von ZDF-Monitor sah, glaubte ich zunächst meinen Augen nicht zu trauen. Etwas gealtert erkannte ich den in Vergessenheit geratenen Angehörigen meiner ehemaligen U-Jagdbesatzung. Auf die Fragen Herrn Löwenthals zu seinem Schicksal in der DDR reagierte der Sperrgast gefasst. Von den verhängten sieben Haftjahren verbüßte er fünf Jahre und sieben Monate in der Justizvollzugsanstalt (JVA) Brandenburg/Havel. In der Reihe „Hilferufe von drüben" kamen in der Sendung politisch verurteilte DDR-Bürger zu Wort, um auf die verzweifelte Lage der Inhaftierten aufmerksam zu machen. Seine Strafverbüßung begründete Herr X in der ZDF-Sendung mit „Gesprächen an Bord eines Marineschiffes zur Vorbereitung einer Fahnenflucht, jedoch nicht in Tateinheit. Das Vorhaben wurde von IMs verraten". Seine in der Sendung geschilderten Hafterlebnisse ähnelten einem Horror-Szenarium. Weil er nicht länger mit Mördern in einer 12-Mann-Zelle sein wollte, trat er in den Hungerstreik. Daraufhin sperrte man ihm am dritten Tag das Trinkwasser. Fast am Ende seiner Kräfte hatte die Gefängnisleitung dann doch ein Einsehen und verlegte Herrn

X in eine andere Zelle. Aber auch dort geriet er wieder in die Gesellschaft von Mördern. Diese Art von Einquartierung gehörte in der JVA offensichtlich zur Taktik im Umgang mit politischen Strafgefangenen. Man wollte ihn auf diese Weise mürbe machen. Körperliche Gewaltanwendung, vorzugsweise in die Gesichtsregion, schien dort seitens einiger Strafvollzugsbeamter an der Tagesordnung gewesen zu sein. Als besonders eifrig soll sich dabei lt. den Schilderungen des Herrn X ein VP-Meister Winkler mit dem Spitznamen „Kugelarsch“ betätigt haben.

Erkenntnisse über den weiteren Lebensweg der verurteilten Matrosen bestehen nicht. Ende August 1979 musste auch ich der 4. Flottille in Warnemünde/Hohe Düne ade sagen. Parallel mit der Aufnahme eines Studiums wurde ich an die OHS der VM nach Stralsund versetzt. Aus meinem Hobby wurde im Lehrstuhl für Geschichte Berufung.

Mit Abschluss meiner Recherchen über die vorbereitete Gruppenfahnenflucht auf dem U-Jagdschiff „421“ glaubte ich, ein in der VM einzigartiges Geheimnis gelüftet zu haben. Doch weit gefehlt. Ich sollte mich irren. Nach der Veröffentlichung im MARINEFORUM (Heft 6, 7 und 8, 2002) verdichteten sich die Hinweise von Marinekameraden auf eine weitaus schlimmere geplante Gruppenfahnenflucht, sechs Jahre zuvor am gleichen Ort.

4.2. „Alibaba und die 40 Räuber"– vereitelte Gruppenfahnenflucht mit Entführung U-Jagdschiff „474", Typ 201-M

Durch einen Zufall erhielt der Kommandant des U-Jagdschiffes „474", Leutnant zur See H., fünf Tage vor dem Auslauftermin am 16. Januar 1967 aus dem Marinestützpunkt Warnemünde/Hohe Düne Kenntnis von der geplanten Entführung seines Schiffes in den Westen. Ohne diese spontane Aufdeckung „5 Minuten vor 12" bestanden nach Einschätzung der MfS-Bezirksverwaltung Rostock für die Fahnenfluchtgruppe auf „474" erfolgreiche Aussichten zur Verwirklichung ihres Vorhabens. Die Tatsache, dass – ähnlich wie im Fall von 1973 – ein U-Jagdschiff vom Typ 201-M Ausgangspunkt für eine geplante Fahnenflucht war, belegt entgegen damaligen Ansichten, dass die desolaten Bord- und Dienstbedingungen auf diesem russischen Schiffstyp einen entscheidenden Nährboden für die beabsichtigte Republikflucht von Marineangehörigen bildeten.

U-Jagdschiff 201-M im Stützpunkt Peenemünde

Verrat eines fast perfekten Coups

Unter Anleitung eines 24-jährigen Matrosen, Artilleriegast an Bord, plante eine Gruppe von elf Besatzungsangehörigen, während der Erprobungsfahrt mit dem U-Jagdschiff am 16. Januar 1967 einen dänischen oder schwedischen Hafen anzulaufen. Die Männer beabsichtigten, notfalls mit Waffengewalt das Kommando über das Schiff zu übernehmen. Ihr Ziel war die gemeinschaftliche Desertierung per Schiff in die BRD. Auf diesen Tag hatten sich vier Matrosen und ein Maat besonders intensiv vorbereitet. Im Ergebnis zielgerichteter Gespräche dieses Führungskerns im Verlauf einer sieben Monate umfassenden Planungszeit im Jahr 1966 schlossen sich zehn weitere Besatzungsangehörige dem Vorhaben an. Von zwanzig Matrosen, sieben Unteroffizieren und drei Offizieren an Bord des U-Jagdschiffes „474" wollten demnach 56 Prozent der Mannschaftsdienstgrade der DDR für immer Adieu sagen. So etwas gab es in der Geschichte der SSK der DDR noch nie. Die perfekt geplante Fahnenflucht blieb in ihren Ausmaßen und im konspirativen Organisationsgrad bis zur Auflösung der VM am 2. Oktober 1990 unübertroffen.

Unter den Fluchtakteuren existierte ein Aktionsplan über die Funktionsverteilung an Bord. Der Anführer, im Untersuchungsbericht als Rädelsführer bezeichnet, hatte für diesen Coup mehrere Kursvarianten von Warnemünde zur dänischen und schwedischen Küste auf einer Seekarte vorgekoppelt. Die Karte befand sich vorschriftswidrig im Mannschaftsdeck. Der Fehlbestand der Seekarte auf der Brücke ist den Vorgesetzten gar nicht aufgefallen. Für den direkten Durchbruch zur BRD-Küste schien den Männern das Risiko des Scheiterns offensichtlich doch zu groß. Ihnen war bekannt, dass die Überwachung der Seegrenze und Küstengewässer zur BRD seit dem 13. August 1961 erheblich verstärkt wurde. Die Chancen für einen Durchbruch in dänische oder schwedische Küstengewässer erschien den Akteuren erfolgversprechender. Zur Durchsetzung ihres Vorhabens sollten zehn MPis samt Munition an die Gruppenmitglieder verteilt werden. Da der Waffenkammerverwalter zur Gruppe gehörte, kam man problemlos an die in der Bombenlast aufbewahrten MPis heran. Der Anführer legte fest, die übrige, sich dem Fahnenfluchtvorhaben widersetzende Besatzung unter Deck festzusetzen und in Schach zu halten. Bei Widerstand hätte man, lt. den MfS-Ermittlungen, von der Schusswaffe Gebrauch gemacht. Auch die Verfolgung in See durch Schiffe und Hubschrauber der VM kalkulierte die Fahnenfluchtcrew ein. Sollten diese Kräfte versuchen, den Durchbruch des U-Jagdschiffes in schwedische oder dänische Territorialgewässer zu verhindern, beabsichtigten die Entführer, die beiden 25 mm Zwillingsgeschütze auf dem Vor- und Achterschiff gegen die

Verfolger einzusetzen. In diesem Fall wäre es mit großer Wahrscheinlichkeit zu einem Feuergefecht in See gekommen. Lt. den Ermittlungen waren die Flüchtigen zum Äußersten entschlossen. Die Annäherung von VM-Schiffen oder Hubschraubern, um das U-Jagdschiff von der gegnerischen Küste abzudrängen, hätten sie durch gezieltes Artilleriefeuer abgewehrt. Unabhängig von Trefferwirkungen auf Seiten der Verfolger hätten diese das Feuer zur Ausschaltung der Bordgeschütze auf „474" eröffnet. Das Problem hierbei ist nur, dass man bei einem so kleinen Schiff die Geschütze schlecht anvisieren kann. Wie die Sache ausgehen würde, lässt sich schwer beurteilen. Die NATO hätte das Spektakel in freier See sicherlich mitbekommen und ihre Schiffskräfte und Hubschrauber alarmiert. Damit boten sowohl die möglichen Handlungen der VM zur Verhinderung der Schiffsentführung als auch eventuelle Gegenmaßnahmen der NATO zur Unterstützung der Flüchtenden die Gefahr einer militärischen Eskalation in der Ostsee.

Im Gegensatz zu den sicher aufbewahrten Handfeuerwaffen auf dem U-Jäger „421" im Fahnenflucht-Beispiel von 1973 bestanden auf „474" begünstigende Umstände für den relativ leichten Zugang zu den MPis und Pistolen samt Munition. An Bord von „474" war bekannt, dass der Kommandant seine Pistole im Schreibtischfach leichtfertig aufbewahrte. Trotz des mehrfach kritisierten lockeren Verschlusszustands von Waffen und Munition änderte sich an Bord offenbar nichts. Der Aspekt der beabsichtigten Beschaffung von MPis und des Einsatzes der Bordgeschütze durch die Fahnenfluchtgruppe verdeutlicht, dass sie die Schiffsentführung durchaus nicht als eine „Spazierfahrt in See" vorbereiteten.

Entsprechend den Bordfunktionen der Entführungscrew waren diese in der Lage, sämtliche Maschinen und technischen Anlagen zu bedienen. Sie beherrschten die navigatorische Kursberechnung und den Maschinenbetrieb in See, konnten das Schiffsruder bedienen sowie die Funk- und Befehlsübermittlungsanlagen zum Stützpunkt und VM-Stab abhören und außer Betrieb setzen.

In der Planungsphase recherchierte das MfS im Nachhinein etwa 100 Einzelgespräche zwischen den Gruppenmitgliedern. Diese fanden unter Anleitung des Artilleriegasts derart konspirativ statt, dass sie vom MfS im Vorfeld nicht aufgeklärt werden konnten. Die Tatsache, dass sich die komplette Gruppe zweimal unbemerkt in der Wasserbombenlast zu Absprachen treffen konnte, ist schon einzigartig. Gemeinschaftlich wurde hier in der Vorpik des Schiffes inmitten von Wasserbomben und waffentechnischen Geräten die Strategie der Kommandoübernahme und Schiffsentführung beraten. Dabei war man sich der Mithilfe des Funkmaats, von der Dienststellung eigentlich Mot.-Meister, sicher. Durch das regelmäßige Abhören von „Westsendern" versorgte der seine Kameraden mit aktuellen Informationen. Nach dem damaligen Verständnis allerdings von der falschen Seite. All das blieb unbemerkt. Nach Einschätzung der MfS-Untersuchungsabteilung IX/6 soll die Anwerbung von Besatzungsangehörigen mitunter Züge angenommen haben, die einer Einladung zum Kinobesuch ähnelten. Sicherlich nicht zufällig formierten sich in der Gruppe gerade jene 15 Matrosen mit verwandtschaftlichen Bindungen zur BRD. Von der 120 Mann zählenden U-Jagdabteilung hatten 46 VM-Angehörige verwandtschaftliche Bindungen 1. und 2. Grades zu westdeutschen Bürgern.

Der für den 16. Januar 1967 geplanten Fahnenflucht gingen nach den MfS-Ermittlungen mehrere gescheiterte Versuche der gewaltsamen Kommandoübernahme des Schiffes für die Desertierung in den Westen voraus. In der Vorbereitungsphase auf eine Übung im Juni 1966 berieten drei Besatzungsangehörige die Möglichkeit einer Fahnenflucht im Verlauf der Überfahrt von Peenemünde nach Warnemünde. Der Gedanke wurde jedoch verworfen, weil nur zwei Hauptmaschinen einsatzklar waren. Während einer U-Jagdübung im Seegebiet vor der dänischen Insel Bornholm fassten sieben Besatzungsangehörige Anfang Juli 1966 den Entschluss, das Schiff gewaltsam für eine Flucht in Besitz zu nehmen. Als „474" in der 2. Übungsnacht auf Ankerposition lag, testeten sie durch das Abschalten der Ankerlichter die Reaktion der anderen zum Verband gehörenden Schiffe. Es passierte scheinbar nichts. Zum Fesseln der Offiziere hielt ein Matrose mehrere aus der Bombenlast beschaffte Stricke bereit. Wegen der ungünstigen Witterungsbedingungen auf See kam es jedoch nicht zur Tatausführung. Am nächsten Tag kreuzte ein dänisches U-Jagdschiff in unmittelbarer Nähe des Verbandes. Jetzt plante die Entführungscrew, das NATO-Fahrzeug anzusteuern und längsseits zu gehen, um dann überzusteigen. Zwei Matrosen holten aus der Bombenlast drei MPis und verpackten sie in ihre Kulanis. Anschließend versteckten sie die Waffen samt den angeschlagenen vollen Magazinen hinter dem Kartentisch auf der Brücke bzw. im vorderen Zwillingsgeschütz. Wegen einer plötzlichen technischen Störung an Bord kam aber der Befehl zur sofortigen Rückkehr in den

Stützpunkt. Das Vorhaben musste daraufhin abgeblasen werden. Es grenzt schon an ein Wunder, dass die MPis wieder unbemerkt von der übrigen Besatzung in der Bombenlast verstaut werden konnten. So als sei nichts passiert.

Auf der Überfahrt des U-Jagdschiffes zur Werft nach Rostock im Oktober 1966 plante die Gruppe erneut einen Fahnenfluchtversuch. Aber auch dieses Vorhaben scheiterte wegen des schlechten technischen Zustandes des Schiffes.

Nach Abschluss der Werftarbeiten auf der Rostocker Neptunwerft verlegte die „474" am 23. Dezember 1966 in den Stützpunkt der 4. Flottille nach Warnemünde/Hohe Düne. Hier sollten Restarbeiten ausgeführt werden. Wegen zwischenzeitlicher Abversetzung von einigen Matrosen, darunter befanden sich vier Mitverschwörer, musste die Besatzung zum Jahreswechsel komplettiert werden. Mit Beendigung dieser Maßnahmen sollte das U-Jagdschiff am 16. Januar 1967 zur Probefahrt in See stechen. Draußen auf See wehte schon seit Tagen ein kalter NO-Wind der Stärke 6. Die schlechte Sicht und der dichte Nebel waren wohl die einzigen Verbündeten der Fahnenfluchtcrew. Bei erfolgreichem Probelauf sollte „474" zu seinem Stützpunkt nach Peenemünde verlegen.

Zu den Seefahrten kam es aber nicht mehr. Gegen 16 Uhr des 11. Januar informierte ein Obermatrose (mit Sicherheit kein IM) den Kommandanten und ein Mitglied der Parteileitung (SED), dass eine größere Gruppe an Bord plane, das Schiff während der Erprobungsfahrt in ihre Gewalt zu bekommen, um dann in den Westen zu desertieren. Diese Meldung hatte buchstäblich eine durchschlagende Wirkung. Der Kommandant versuchte umgehend, die MfS-Dienststelle in Peenemünde zu informieren. Dort war jedoch niemand erreichbar. Daraufhin setzte Leutnant H. gegen 20 Uhr den Militärstaatsanwalt in der 4. Flottille über die gefährliche Situation an Bord in Kenntnis. Dieser stellte sofort eine Verbindung zum MfS her. Nun setzte sich über Nacht der Sicherheitsapparat in Bewegung. Gegen 2 Uhr trafen mehrere MfS-Mitarbeiter in der 4. Flottille ein. Sie nahmen sofort Kontakt zum Kommandanten auf. Dem wurde strengstes Stillschweigen befohlen. Er durfte keinerlei Meldungen über den Vorfall an seine Vorgesetzten abgeben, weder telefonisch noch fernschriftlich oder per Funk. Das MfS befahl, ihnen den Informanten am frühen Morgen konspirativ zu zuführen. Weil dem MfS keinerlei Erkenntnisse zur beabsichtigten Fahnenflucht vorlagen, musste die heiße Meldung des Obermatrosen erst einmal auf ihren Wahrheitsgehalt hin überprüft werden. Um die Mittagsstunde des 12. Januar setzten dann die ersten sechs Verhaftungen ein. Im Verlauf des Tages stand für das MfS zweifelsfrei fest, dass man per „Kommissar Zufall" einer groß angelegten Fahnenflucht mit Entführung eines U-Jagdschiffes auf die Spur gekommen war. Erst gegen 20.30 Uhr informierte das MfS den Stellvertreter des Chefs VM, Konteradmiral Felix Scheffler, über den Vorfall auf „474". Entsprechend einer Weisung des Chefs VM begannen noch in den Abendstunden mehrere Kommissionen, das besondere Vorkommnis unabhängig vom MfS zu untersuchen. Innerhalb von 15 Stunden klickten für 13 Besatzungsangehörige von „474" die Handschellen. Weitere zwei Matrosen wurden am 16. Januar festgenommen. Sie folgten ihren Kameraden in die MfS-Bezirksverwaltung Rostock. Unter den Festgenommenen befanden sich fünf inzwischen auf andere Marinefahrzeuge versetzte ehemalige Besatzungsmitglieder. Ihnen wurde eine Beteiligung oder Kenntnis an der geplanten Fahnenflucht vorgeworfen.

Wie sensibilisiert die VM-Führung nach Aufdeckung der geplanten Fahnenflucht war, belegt die Anordnung, dass die Überführung von „474" zum Heimatstützpunkt Peenemünde erst nach „Zuversetzung geeigneter Genossen" und in Anwesenheit eines Offiziers vom Kommando VM und des Chefs der 7. U-Jagdabteilung zu erfolgen habe.

Kommandant – erst Held, dann mitschuldig

Durch die Sofortmeldung des Kommandanten und seiner Mitarbeit an der Aufklärung der Fahnenflucht mit Entführung des U-Jagdschiffes gelang es der VM-Untersuchungskommission und MfS-Bezirksverwaltung relativ schnell, Einzelheiten über das geplante Vorhaben zu ermitteln. Deshalb enthielt der vorläufige VM-Untersuchungsbericht vom 13. Januar noch den Vorschlag zur Auszeichnung des Kommandanten. Sieben Tage später verkehrte sich die Einschätzung ins Gegenteil, man sah die Schuldfrage völlig anders. In dem vom Stabschef VM und Chef der Politischen Verwaltung VM am 20. Januar vorgelegten Bericht wurden dem Kommandanten „mangelnde Kommandeurseigenschaften, fehlende politische und menschliche Reife, nicht genügend ausgeprägte seemännische Fähigkeiten zur Führung des Schiffes sowie lasches Vorgehen bei Disziplinarverstößen" unterstellt. Aus einem Helden wurde ein Schuldiger. Leutnant H. war seit 1. Oktober 1965 Kommandant auf „474". Zuvor bekleidete er die Dienststellung als Gehilfe des Kommandanten (I WO). Um die auch dem Sekretär des Nationalen Verteidigungsrates der DDR, Erich Honecker, gemeldete Schuldzuweisung gegenüber dem 24-jährigen Leutnant zur See zu bekräftigen, bediente man sich sogar humoristischer Redewendungen innerhalb des Offizierskorps. Wegen „seemännischen Ungeschicks" (mehrere Rammings bei Anlegemanövern an der Pier) kursierte in der Abteilung der spöttische Spruch von „Alibaba und seinen 40 (See-) Räubern". Gemeint waren der Kommandant und seine Besatzung.

Bei Analyse des Untersuchungsberichtes fällt auf, dass die von der Schiffsführung getroffenen Maßnahmen zur Festigung der militärischen Disziplin einerseits als überzogen kritisiert und andererseits wiederum als unzureichend eingeschätzt wurden. Nach Ansicht der VM-Untersuchungskommission trugen einige Vorgesetzte im Brigade- und Abteilungsstab wegen „unzureichender fachlicher Anleitung und Unterstützung" sowie „fehlender Kontrolle der Dienstorganisation" Mitschuld am Fahnenflucht-Desaster. Der Bericht enthielt dazu u. a. den verbalen Vorwurf: „einigen Kommandeuren fehle es an erforderlicher Reife zur Durchsetzung des Prinzips der Einheit von politischer und militärischer Führung" in der NVA. Alle zum Vorkommnis vorgelegten Berichte enthalten an die Kommandeure der 1. Flottille, des Stabes der 1. Sicherungsbrigade und 7. U-Jagdabteilung gerichtete identische Schuldzuweisungen „nach völlig unbefriedigender Arbeit mit Parteibeschlüssen der SED". Bei konsequenter Verfolgung dieser damals in der NVA üblichen Denkweise resultiert demnach jedes Vorkommnis aus dem angeblichen Unvermögen des Offizierskorps zur Umsetzung der Parteilinie. Diese einseitige und vor allem politisch geprägte Sichtweise versperrt den Blick auf eine objektive Ursachenermittlung zur geplanten Fahnenflucht auf dem U-Jagdschiff „474" und auch „421".

Zeitgenössische Ursachenermittlung

Der vorläufige Bericht des Stabes VM enthält 13 Schwerpunkte zur „Erforschung der Ursachen und Umstände, die das Verbrechen ermöglichten oder begünstigten". Kein Schwerpunkt berührte die Dienst- und

Lebensbedingungen an Bord oder im Marinestützpunkt. Im Mittelpunkt standen Bereiche zur Führungstätigkeit, Ausbildung und disziplinaren Praxis, Wirksamkeit der politisch-ideologischen Arbeit sowie der SED- und FDJ-Organisation und Personalfragen. Die von den sieben Arbeitsgruppen bzw. Bereichen im Kommando VM vorgelegten Untersuchungsberichte, Schlussfolgerungen und Meldungen an den Minister für Nationale Verteidigung und die Sicherheitsabteilung beim ZK der SED enthielten übereinstimmend den Vorwurf über Mängel in der parteipolitischen Arbeit. Der auf 151 Seiten archivierte Vorgang mit der Geheimhaltungsstufe GVS beleuchtete auch gravierende Defizite im Dienstalltag, die die Fahnenflucht begünstigten. Obwohl die inhaltlich nicht zusammenhängend aufgelisteten Faktoren gerade einmal zwei Seiten ausmachten, kamen sie einer objektiven Ursachenfindung nahe. In einem 9-seitigen Brief an Honecker erwähnte der MfNV, dass „in den Decks Diskussionen geführt wurden, die in einzelnen Fällen an Staatsverleumdung und Hetze grenzten". Damit gestand die NVA-Führung indirekt die Ablehnung des politischen Systems in der DDR durch die Fahnenfluchtbeteiligten ein. Die Ursachen für diese Kontra-Einstellung sah man damals in der Zeit der Ost-West-Konfrontation vor allem in der Wirkung der ideologischen Diversion des Gegners (Westfernsehen, Printmedien).

Nachdenklich stimmen die Resultate der Analyse der Personalsituation an Bord von „474" und in der 7. U-Jagdabteilung. Im Verlauf des Jahres 1966 wurden in der Abteilung mit vier Schiffen insgesamt 221 Disziplinarverstöße geahndet. So u. a. 29 schwere Vorkommnisse, diverse Landgangs- und Urlaubsüberschreitungen, unerlaubte Entfernungen über 48 Stunden, Nichtausführung von Befehlen sowie Angriffe auf Wachen und Streifen. Rein rechnerisch entfielen auf einen Abteilungsangehörigen zwei Verstöße!! Von 30 SED-Mitgliedern wurden 24 bestraft. Spitzenreiter in der Abteilung war das Schiff „473" mit 75 Disziplinarverstößen gefolgt von „474" mit 62 Verstößen. Darunter befanden sich 12 Fälle von „Auflehnung und Undiszipliniertheit gegenüber Vorgesetzten". Das scheint ein Indiz dafür, dass es zwischen der Besatzung und der Schiffsführung auffallend kriselte. In dem Zusammenhang ermittelte die VM-Untersuchungskommission „Erscheinungen des taktlosen Umgangs mit Menschen, die in einigen Fällen sogar die Menschenwürde verletzten". Der Kommandant und der STO (LI) von „474" wurden bestraft, weil an Bord drei Unteroffiziers-Verpflichtungserklärungen verschwunden waren. Hätten diese drei Maate keine Rückverpflichtung beantragt, wäre der Verlust gar nicht aufgefallen. Auf die 11 verurteilten Matrosen von „474" entfielen insgesamt 78 geahndete Disziplinarverstöße seit NVA-Dienstantritt. Spitzenreiter war der Artilleriegast und zugleich Anführer mit sieben Bestrafungen, gefolgt vom E-Gast mit fünf Verstößen in 1966. Rechnerisch kassierten die Gruppenmitglieder in ihrer bis dahin 18-monatigen Dienstzeit pro Monat 4,3 Bestrafungen. Die Konzentration auf das Sperr- und Maschinenpersonal war identisch mit den Bordabschnitten im Beispiel 1973 in der 4. Flottille. Diese Übereinstimmung ist ein Indiz für die aus den desolaten Bord-Bedingungen resultierende Dienstunzufriedenheit.

Im Ergebnis der Untersuchung kam die VM-Kommission zu der Erkenntnis, dass „die unbefriedigenden Lebensbedingungen an Bord des U-Jägers 201-M Auswirkungen auf die Dienstfreudigkeit und Stimmung der Offiziere haben. Wegen der räumlichen Bedingungen an Bord sind die kulturellen Möglichkeiten für die Besatzung mangelhaft." Hinzu kam der dramatische Wohnungsmangel in der DDR, der sich etwas abgeschwächt auch in den VM-Stützpunkten auswirkte. So suchten beispielsweise im Bereich der 1. Flottille in Peenemünde 108 Offiziere und 60 Unteroffiziere eine Wohnung, ohne dass die Aussicht bestand, dass sie tatsächlich eine erhielten. Angesichts der täglich erlebten Mangelwirtschaft ließen sich viele DDR-Bürger nicht mehr mit Parteilosungen abspeisen. Sie suchten einen Ausweg in die BRD. So erreichten die registrierten Grenzdurchbrüche über die Ostsee in den 60er Jahren mit jährlich ca. 400 Fällen „Spitzenwerte" .

Landunterkünfte oder Wohnschiffe standen der 1. Flottille damals nicht zur Verfügung. Die Daueranwesenheit an Bord resultierte auch aus der geforderten hohen Einsatzbereitschaft der Schiffe und den vielen 24-Stunden-Diensten. Kritisch gestand das Kommando VM ein, dass die „hohen physischen Anspannungen und psychischen Belastungen der Schiffsbesatzungen und die veraltete Technik die Arbeit an Bord erschweren. Die Einsatzbedingungen überschritten teilweise die Grenzwerte der schiffstechnischen Zulassung".

Zu den begünstigenden Bedingungen der Fahnenflucht wertete die VM-Kommission die sieben Monate andauernde Werftliegezeit in Rostock. Weil die Besatzung in dieser Zeit „nicht am gesellschaftlichen Leben und an der Ausbildung im Verband teilnehmen konnte, sank die Stimmung an Bord auf den Nullpunkt". In Folge der Mitarbeit an den Werftreparaturen wurden Ausbildungsrückstände häufig in der Freizeit, einschließlich an den Wochenenden, nachgeholt. Das erzeugte Missstimmung und Ablehnung. Eine noch im Januar 1967 vom Stab VM durchgeführte Kontrolle auf in vier Werften liegenden Schiffen und Booten förderte damit im Zusammenhang gravierende Mängel zu Tage. Die Palette der Unzulänglichkeiten erfasste chaotische hygienische Zustände an Bord, eine ungenügende Koordination der Werft-Arbeitsabläufe, Lücken in der waffentechnischen Abrüstung und eine ungenügende Bewachung der Schiffe.

Verurteilt zu 108 Jahren Zuchthaus

Im Ergebnis der Hauptverhandlung vor dem Militärobergericht Neubrandenburg im April 1967 verhängten die Richter wegen „Spionage, Gruppenfahnenflucht in Tateinheit mit staatsgefährdenden Gewaltakten" gegenüber vier Matrosen und einem Maat insgesamt 57 Jahre Zuchthaus. Die Höchststrafe von 15 Jahren erhielt der Anführer der Gruppe. Weitere neun Matrosen wurden wegen „Gruppenfahnenflucht in Tateinheit mit staatsgefährdenden Gewaltakten" zu 48,5 Jahren Zuchthaus verurteilt. Wegen Mitwisserschaft und Nichtanzeige der geplanten Fahnenflucht seiner Kameraden musste ein Matrose 2,5 Jahre Strafvollzug verbüßen. Damit endete für 15 junge Männer im Alter von 20-23 Jahren das geplante Vorhaben der Fahnenflucht und beabsichtigten Schiffsentführung mit 108 Jahren Freiheitsentzug. Unter dem Eindruck der unterschiedlichen Lebensverhältnisse in der DDR und BRD sowie miserabler Dienstbedingungen auf dem U-Jagdschiff 201-M suchten zu jener Zeit diese jungen Menschen im blauen Tuch Alternativen. Sie glaubten, die bessere Welt im anderen Teil Deutschlands zu finden, der für sie jedoch ohne Gesetzeskonfrontation nicht erreichbar war. In welchem Maße der Dienst auf dem U-Jagdschiff Typ 201-M eine Systemabneigung bis hin zur Fahnenfluchtabsicht hervorrief bzw. ihre vorhandene Ablehnung zum Staat DDR verstärkte, geht aus den Archivdokumenten nicht hervor. Die richterliche Festsetzung „in Tateinheit" führte offensichtlich zur Strafverschärfung, obwohl lt. dem recherchierten Vorgang überhaupt keine Tatvollendung vorlag.

Die Matrosen der Fahnenfluchtgruppe als Bolzendreher-Crew mit einer vorherrschend widerwilligen Diensteinstellung abzustempeln, wäre ein fataler Irrtum. Unter den Verurteilten befanden sich vier Marinesoldaten, die wegen ihres vorbildlichen NVA-Dienstes 49 Belobigungen auf sich vereinten. Zu diesem Personenkreis gehörten der Obersteuermann, der Mot.-Meister, der E-Gast und der Sperrgast. Bester Mann an Bord war der Obersteuermann, Dienstgrad Obermaat, mit 18 Auszeichnungen.

Auswertung nach der Rasenmähermethode

Anfang Februar 1967 erlebte das Klubhaus im Marinestützpunkt Peenemünde eine in der VM-Geschichte einmalige „Show". Anstelle des sonst üblichen freiwilligen Eintritts hatten an diesem Tag alle verfügbaren Flottillenangehörige, vom Matrosen bis zum Kapitän zur See, in den Saal einzurücken. Vor 500 Mann verlas der Stabschef VM den Befehl Nr. 4/67 des MfNV. Nach einem umfangreichen parteipolitischen Teil seiner Rede folgte dann der unglaublich anmutende praktische Teil. Unter bewusster Außerkraftsetzung der Disziplinarordnung (NVA) wurden zehn Kommandeure „wegen ernsten Verstoßes gegen die Prinzipien der Führungstätigkeit" vor dem im Saal versammelten Personal bestraft. Dazu mussten die betreffenden Offiziere bei Nennung ihres Namens aufstehen, die erstaunten Blicke ihrer Unterstellten im Rücken wissend. Die damit verbundene Untergrabung der Autorität von Kommandeuren war offensichtlich von höherer Stelle vorprogrammiert, die Demütigung von Offizieren gewollt.

Mit sofortiger Wirkung wurden von ihrer Funktion abgelöst bzw. in der Dienststellung herabgesetzt: der Leiter der Politabteilung der 1. Flottille, die Chefs der 1. SB und der 7. U-Jagdabteilung sowie der Kommandant von „474". Der Leiter der Politabteilung wurde zugleich in die Reserve versetzt, was so viel heißt wie „entlassen". Einen strengen Verweis (Vorstufe der Degradierung) erhielten der Chef der 1. Flottille und Stabschef der 1. SB. Das Bestrafungskarussell erfasste auch den Leiter der Politabteilung der 1. SB sowie den Stellvertreter des Chefs der 7. U-Jagdabteilung für politische Arbeit.

Mit „nur" einem Verweis wurden der Leiter Organisation/Instruktion im Flottillenstab und der Chef Rückwärtige Dienste in der 1. SB abgestraft. Es passierte aber noch etwas anderes. Vor der exemplarischen Bestrafung der Marineoffiziere hatte der, die geplante Flucht meldende

Obermatrose von „474" im Saal aufzustehen. Wegen seiner „Wachsamkeit und staatsbewussten Haltung" wurde er vor allen Anwesenden zum Stabsmatrosen befördert.

Mit dieser disziplinarischen Auswertung folgte der MfNV dem vorgeschlagenen Strafmaß der VM-Untersuchungskommission. Wer sich die entwürdigende Form der „öffentlichen Bestrafung" ausdachte, bleibt im Dunkeln. Der gesamte Vorgang ist in der 40-jährigen Geschichte der DDR-SSK schon ein „dicker Hund".

Resümee

Die außergewöhnliche Schnelligkeit der hier scheinbar noch unabhängig vom MfS bzw. parallel dazu geführten Untersuchung durch mehrere VM-Kommissionen, die völlig überzogene Härte der richterlichen Verurteilung und die inszenierte Offiziersbestrafung hatte einen politischen Grund. Mitte April 1967 fand der VII. Parteitag der SED in Berlin statt. Das schwere Vorkommnis bot so in Vorbereitung des Parteitages Gelegenheit, um mit Unzulänglichkeiten in der Dienstorganisation aufzuräumen, Zweifler oder Kritiker in den eigenen Reihen zu disziplinieren sowie den VM-Personalbestand auf eine vorbehaltlose Umsetzung der Parteipolitik einzuschwören. Den entsprechenden Beweis liefern die Akten. Darin findet sich der Vermerk: „Im Ergebnis der Untersuchung dieses schweren Vorkommnisses bestätigte sich die Erkenntnis, dass dort, wo die Beschlüsse der Partei und die militärischen Bestimmungen nicht feste Grundlage der Führungstätigkeit sind, der Klassengegner unablässig mit verbrecherischen Methoden versucht, in die Reihen der NVA einzudringen und ihre Kampfkraft zu schwächen."

Schenkt man dem Bericht an den Chef des Hauptstabes der NVA Glauben, so war das besondere Vorkommnis lediglich den Chefs der 1. und 4. Flottille, den Leitern beider Politabteilungen, dem Chef der 1. SB und Chef der 7. U-Jagdabteilung im Detail bekannt. Deshalb kursierten über diese geplante Schiffsentführung nur Gerüchte und Vermutungen. So war auch mir die beabsichtigte Entführung des U-Jagdschiffes „474" in der 1. Flottille bis 2002 nicht bekannt. Die Vorgesetzten, die davon Kenntnis hatten, schwiegen.

4.3. Die Seegrenze der DDR im August 1961

Im Juli 1961 erreichte die Abwanderung von DDR-Bürgern in den Westen mit 30.000 einen Höhepunkt. Pro Tag kehrten 1.000 Menschen der DDR den Rücken. Die bis zur Grenzschließung stark ansteigende Fluchtbewegung schrieb die Ulbricht-Regierung ursächlich dem feindlichen Einfluss des Westens zu. Etwa 53.000 Ostberliner pendelten täglich als „Grenzgänger" zur Arbeit nach Westberlin. Die Regierungen in Moskau und Berlin glaubten, diesen Aderlass von Handwerkern, Mittelständlern, Künstlern, Ingenieuren, Krankenschwestern und Ärzten durch eine Mauer quer durch Deutschland sowie durch und um Berlin unterbinden zu können. Der Einfluss der Lebenskultur des Westens gegenüber dem Sozialismus „Made in GDR" sollte zurückgedrängt werden.

Die DDR verstand sich als Hort des Antifaschismus, wogegen man in der Bundesrepublik das Wiedererstarken von revanchistischen Kräften sah, die ihre „Brüder und Schwestern im Osten heim ins Reich holen wollten". Deshalb erhielt diese Trennlinie aus Beton und Stacheldraht zwischen den zwei unterschiedlichen gesellschaftlichen Systemen die Bezeichnung „antifaschistischer Schutzwall". Doch der Schutz richtete sich eher nach innen gegen die eigene Bevölkerung. Wer illegal per Grenzdurchbruch die DDR verließ oder fahnenflüchtig wurde, war nach damaligem Verständnis ein Feind des Sozialismus oder Spion des Westens. Er galt als Verräter, dem strafrechtliche Konsequenzen drohten.

13. August, 1 Uhr – Volle Gefechtsbereitschaft für die VM

Seit dem 10. August befand sich die VM in Vorbereitung einer Flottenübung. Kampf- und Hilfsschiffe, Flottillen- und Brigadestäbe sowie Rückwärtige Dienste verlegten innerhalb von 24 Stunden in zugewiesene Bereitschaftsräume. Zur Beobachtung des NATO-Seemanövers „Wallenstein IV" standen VM-Fahrzeuge bereits seit einigen Tagen in See. Für die Marinekräfte in den Stützpunkten Warnemünde, Peenemünde, Saßnitz, Dranske und der Offiziers- und Flottenschule in Stralsund sowie Flottenschule II in Kühlungsborn bestand Bereitschaftsstufe II. Mit Anbruch des 13. August wurde um 1 Uhr Gefechtsalarm mit Herstellung der vollen Gefechtsbereitschaft ausgelöst.

Zur Verstärkung der um Berlin konzentrierten Kräfte der Deutschen Grenzpolizei verlegten neben Grenztruppen mit ihrer kompletten Gefechtsausrüstung auch Boote und Besatzungen der 6. GBK Anfang August 1961 etappenweise und verdeckt von der Ostseeküste über die Oder und den Oder-Havel-Kanal nach Berlin und Potsdam. Einige Bootsbesatzungen der 6. GBK erfuhren in den frühen Morgenstunden aus dem Radio, dass mit Anbruch des Sonntags 0 Uhr die Grenzen zu den Westsektoren in Berlin dicht gemacht werden. Das Alarmsignal ließ nicht lange auf sich warten, dann stachen die Boote in See. Im Zusammenwirken mit Schiffen der VM, die den verstärkten Küstensicherungs- und Vorpostendienst aufnahmen, hatten die in Wismar, Saßnitz und Wieck stationierten Boote der 6. GBK die mecklenburgische Ostseeküste gegen eventuelle Provokationen und Grenzdurchbrüche zu sichern. Weil Gegenmaßnahmen der NATO in See ausblieben, hob die VM nach einer Woche am 20. August alle Maßnahmen der vollen Gefechtsbereitschaft auf. Die VM ging wieder zum normalen täglichen Dienst über.

Das seit 1952 an der Land- und Seegrenze bestehende verschärfte Grenzregime wurde jetzt an der 521 km langen DDR-Ostseeküste, einschließlich der Boddengewässer, militärisch organisiert. Gemäß dem Befehl Nr. 88/61 des Ministers für Nationale Verteidigung wurde die 6. GBK ab 1. November 1961 dem Chef VM operativ unterstellt. Zum Dienstalltag der GBK gehörten: Verhinderung von Grenzdurchbrüchen vom Festland in die freie See, Verfolgungsjagden auf DDR-Flüchtlinge in See, lückenlose Küstenüberwachung auf Beobachtungstürmen, nächtliche Scheinwerferattacken an den Ostseestränden, Kontrollen von Küstenfischern und Fahrgastschiffen der Weißen Flotte sowie die Überwachung des allgemeinen Verbots über den privaten Seesport in See- und Küstengewässern. Damit hatte die VM nichts im Sinn. Wie viele der dokumentierten Fluchtbeispiele belegen, richteten sich die Einsätze der 6. GBK vor allem nach innen, gegen die eigene Bevölkerung.

Zur Wahrnehmung der Aufgaben in See wurden der GBK in den 60er Jahren R-Boote Typ SCHWALBE und U-Jäger Typ 201-M zugeführt. Im Zeitraum von 1971 bis 1973 erhielt die GBK Minensuch- und

Räumschiffe Typ KONDOR I vom Projekt 89.1. Ende der 70er Jahre verfügte die 6. GBK über:

- drei Grenzschiffabteilungen mit 18 KONDOR I in Saßnitz und Warnemünde,
- eine selbständige Grenzkompanie in Bansin,
- drei Grenzbataillone (Stubbenkammer, Graal-Müritz, Tarnewitz) mit 7 Kompanien, 12 technische Beobachtungskompanien und drei Zügen, drei Kompanien für Kontrollpassierpunkte, 18 mobile Scheinwerfer Typ „APM-90",
- eine Funkmesskompanie mit drei mobilen Zügen,
- ein Grenzausbildungsbataillon in Kühlungsborn.

Gefechtsklar an der Seeflanke – Wettbewerbskampagnen im Zeitgeist

Im Zusammenhang mit der Grenzschließung verzeichnete die VM im August/September 1961 einen Aufschwung in der Wettbewerbs- und Verpflichtungsbewegung. Die Herbstentlassungen standen bevor. Die allgemeine Wehrpflicht gab es noch nicht. Die personellen Anforderungen zur Gewährleistung einer hohen Gefechtsbereitschaft ließen sich nur durch Bereitschaftserklärungen zur Dienstzeitverlängerung sowie Übernahme zusätzlicher Dienstaufgaben realisieren. In der damals von beiden Seiten geschürten Kriegshysterie startete der Jugendverband FDJ eine Kampagne für den Wehrdienst in der NVA. Parallel setzte ein ideologischer Feldzug gegen die „aggressive Expansionspolitik der BRD" und Kriegsbereitschaft von NATO und Bundeswehr ein. Beide Seiten schenkten sich in den gegeneinander geführten politischen Attacken nichts. Das vom 8. bis zum 24. August laufende NATO-Seemanöver „Wallenstein IV" mit Übungselementen bis ins Seegebiet Bornholm wertete der Warschauer Vertrag als Generalprobe für einen Blitzkrieg im Ostseeraum. Dazu zählte auch das am 4. September anlaufende Seemanöver „Fresh Water" mit dem atomaren Übungselement „Checkmate".

Neben einer Welle von Zustimmungserklärungen zu den Grenzsicherungsmaßnahmen der DDR-Regierung hatten die damaligen Aktionen propagandistisch stets den Bezug zum Gegner, z. B. in der These von der „Bändigung des westdeutschen Militarismus". Selbst die VM-Zeitung „Flotten-Echo" folgte in ihrem Schmunzelreport „Aus unserer Backskiste – roter Pfeffer contra Brandt" diesem Ritual mit dem Abdruck von Witzen politischen Inhalts. So z. B. „Am Brandenburger Tor. Auf einem Panzer der NVA sitzen die Soldaten *Alex* und *Kurt*. Randalierer versuchen Stimmung zu machen. *Alex:* Du Kurt, weißt du, unsere Panzer kommen mir jetzt wie Fernsehgeräte vor. *Kurt:* Wie kommst du denn auf den Dreh? *Alex:* Siehst du nicht, wie kräftig die bei uns in die Röhre kieken? *Kurt:* Na ja, aber kommst du auch so in Wut, wie die da drüben, wenn du vor der Röhre sitzt? *Alex:* Sicher, wenn es nicht programmgemäß geht!"

Seit Wochen lief in der VM die Kampagne „Gefechtsklar an der Seeflanke". Im Juni startete die VM-Jugendkommission die Aktion „Blaublusen greifen an, mit Technik, Wissen und Tatendrang". Daraus entwickelte sich einige Tage vor dem 13. August die Wettbewerbsaktion „Blaublusen! Dem Feind keine Lücke". Diese Aktion erfasste alle Schiffsbesatzungen und Bereiche in der VM und 6. GBK. Sie war geprägt von Meldungen über:

- Bestleistungen (4.083 Einzel- und 385 Kollektivverpflichtungen innerhalb 2 Wochen),
- Unterbietung der Zeitnorm für die Schiffsinstandhaltung oder Werftliegezeit (z. B. vier Wochen durch Minenleg- und Räumschiff MAGDEBURG),
- Qualifizierungen in der Dienststellung und für eine zweite Dienstfunktion (3.000 Marinesoldaten),
- SED-Beitrittserklärungen,
- Verpflichtungen zur Dienstzeitverlängerung.

Die Kampagne „Das Vaterland rief – wir kamen! Das Vaterland ruft – wir bleiben!", zielte darauf ab, all jene Marinesoldaten für eine längere Verpflichtung zu gewinnen, deren Dienstzeit im Herbst 1961 ablief. Den Beispielen der TS-Boote WOLFGANG THIELE, WILLI SACHSE und FRITZ HECKERT und des Räumbootes BRANDENBURG, deren Besatzungen sich komplett für eine Dienstverlängerung für mindestens sechs Monate bereit erklärten, folgten damals angeblich 72 Prozent der im Herbst zur Entlassung stehenden Mannschaftsdienstgrade.

Als Schrittmacher im Rahmen des FDJ-Aufgebots „Gefechtsklar zur Bändigung der Bonner Ultras“ erwies sich das MLR-Schiff SCHWERIN vom Typ KRAKE. Am 19. September veröffentlichte das „Flotten-Echo“ den Aufruf der Besatzung unter dem Motto „Die Bonner Ultras werden Leine ziehn, wir schlagen zu – Schiff SCHWERIN“. Daraus entwickelte sich unter dem Einfluss der Politischen Verwaltung VM, die bedeutendste Wettbewerbsaktion im Ringen um eine hohe militärische Meisterschaft seit Bestehen der SSK. Innerhalb von zwei Monaten schlossen sich in der VM 150 Kollektive diesem Aufruf mit weiteren Verpflichtungen an.

Überraschungscoup von „G 423“– Gruppenfahnenflucht nach Travemünde am 24. August 1961

Inmitten der angespannten militärpolitischen Lage, des hohen Niveaus der Gefechtsbereitschaft und verstärkter Grenzsicherung an der DDR-Ostseeküste ereignete sich am 24. August das Unfassbare. Dem KS-Boot „G 423“ vom Typ DELPHIN der 6. GBK gelang buchstäblich unter den Augen der Küstenbeobachtungsstation (KBS) Bahrendorf der Durchbruch in die BRD-Territorialgewässer. Erst als nach dem Anlegen im Hafen Travemünde drei Besatzungsangehörige von Bord sprangen, kam die von den Fahnenflüchtigen per MPi unter Deck in Schach gehaltene Besatzung wieder frei. Unbehelligt vom überraschten BGS und der westdeutschen Wasserschutzpolizei fuhr das Grenzboot nach dem sensationellen Zwischenstopp mit Höchstfahrt wieder zurück in die freie See mit Kurs Wismar.

Dieses in der Zeit militärischer Ost-West-Konfrontation einmalige Ereignis offenbarte grobe Sicherheitsdefizite. Es trug für beide Seiten politische Brisanz. Laut den „Lübecker Nachrichten“, die mit einer Kurzmeldung über das Ereignis berichteten, verabredete man über den Fall „strengstes Stillschweigen“. Sowohl in Bonn als auch in Berlin herrschte über das Ereignis absolute Funkstille.

Als „G 423“ von der 3. Bootsgruppe am Morgen des 22. August vom Stützpunkt Wismar aus „zur Sicherung der DDR-Territorialgewässer in Richtung Lübecker Bucht“ in See stach, waren sich Koch (Anführer), Rudergänger und Ari-Gast einig, dass sie ihre geplante Fahnenflucht nach der Grenzschließung auf diesem Seetörn umsetzen. Am Nachmittag des 24. August lag das Boot in einer Distanz von 1,5 sm zur DDR-Küste auf der Höhe Brock vor Anker.

KS-Boot Typ DELPHIN G 423 auf Ankerposition vor DDR-Küste

Die 12-köpfige Besatzung befand sich zur Esseneinnahme im Achterdeck. Gegen 17.30 Uhr ergriffen dann die Obermatrosen K., G. und Matrose P. die Initiative zur Kommandoübernahme an Bord. Der Ari-Gast hatte die Schlüssel für den Waffenspind auf der Brücke. Das Trio entnahm drei MPi-41 und eine Pistole samt vollen Magazinen. Eine Warnsalve von Obermatrosen K. in Richtung Mannschaftsdeck Achtern gab unmissverständlich zu verstehen, wer jetzt das Kommando an Bord hatte. Obermeister Sch., der das Boot als Gehilfe des Kommandanten (I WO) kommandierte, (Kommandant Oberleutnant P. hatte Urlaub) forderte K. auf, die Waffen niederzulegen und die Meuterei zu beenden. Die MPi im Anschlag stellte Obermatrose K. unmissverständlich klar: „Das ist kein Spaß, das ist Ernst!" Auf die spontane Gegenwehr des Obermatrosen S. reagierte K. mit einem kurzen Feuerstoß. Ein Schuss traf dessen Fuß. Seine Warnung an die Besatzung war eindeutig: „Wer sich widersetzt, den schieße ich nieder. Wir sind jetzt ein westdeutsches Boot und laufen Travemünde an!" Die Männer unter Deck begriffen, dass sie in dieser Lage unbewaffnet gegen die Meuterer keine Chance hatten. Um sich den Meuterern an Bord widersetzen zu können, wollte man eine günstige Gelegenheit abwarten.

Schnell war der Anker aus der 12 m tiefen See gehievt und beide Antriebsmaschinen unter erzwungener Mithilfe des wachhabenden Maschinisten gestartet. Um 17.55 Uhr verließ das Boot seine Ankerposition. Mit kleiner und schließlich großer Fahrt lief es Kurs 250° WSW in Richtung Travemünde. Während K. den Maschinenbetrieb im Auge behielt, standen G. und P. abwechselnd am Ruder. Unbemerkt von K. gab der Maschinist Klopfzeichen zur eingeschlossenen Besatzung. Wegen der rasanten Fahrt des Bootes wunderten sich die Posten auf der KBS an Land über den kühnen Vorstoß ihrer Kameraden in Richtung BRD-Küste. Vielleicht hatten die Jungs in Blau einen Sonderauftrag? Nach 40 Minuten Fahrt passierte der „Ausreißer" mit hoher Geschwindigkeit Tonne Rot und gegen 18.45 Uhr Tonne 3 an Backbord der Ansteuerung von Travemünde. Das KS-Boot DELPHIN lief unbehelligt in das Travefahrwasser und in den Hafen ein. Zum Zeichen ihres Widerstandes (Meuterei an Bord) hatten die Fahnenflüchtigen die DDR-Flagge an der Rah verkehrtherum gehisst. Passanten winkten das Boot an einen freien Liegeplatz am WS-Anleger heran. Daraufhin drehte „G 423" scharf nach Steuerbord. Unter dem Kommando des Rudergängers machte das Boot kurz vor 19 Uhr mit seemännisch einwandfreiem Manöver mit seiner Backbordseite fest. Passanten, darunter zwei gerade Urlaub machende Fähnriche der BM (Crew IV/60 R) in Zivil, halfen beim Leinenkommando. Den westdeutschen WS-Polizisten und Urlaubern

Küstenbeobachtungsstation Bahrendorf

war die Verblüffung über diesen unverhofften Besuch aus der „Ostzone" förmlich anzusehen. Die drei jungen Männer sprangen von Bord. Sie begaben sich in Begleitung ihrer beiden Marinehelfer in Zivil zum nahe gelegenen Dienstgebäude der WS. Zuvor versuchten sie, einen Maschinisten der Besatzung zum Mitkommen zu überreden. Der lehnte jedoch ab. Grenzschutzbeamte fragten nach dem Boss. Der Koch ergriff die Initiative und antwortete: „Der Boss bin ich, wir bitten um politisches Asyl." Die Sensation war perfekt. Mit Erschrecken musste die DDR-Führung elf Tage nach Grenzschließung zur Kenntnis nehmen, dass die Gefahr von Grenzdurchbrüchen und Überläufen in den Westen auch von jenen Bürgern ausging, die dies eigentlich verhindern sollten.

Das Geschehen im Hafen mit dem unverhofften Besuch eines DDR-Grenzbootes verfolgten etwa 15 Zivilpersonen. Alles lief so friedlich ab, als handelte es sich um einen fahrplanmäßigen Transit-Aufenthalt. Nach dem Festmachen gelang es der eingesperrten Besatzung, das Schott zum Niedergang mit einer Axt aufzubrechen. Als sie ans Oberdeck kamen, mussten sie erstaunt feststellen, dass sie sich im „Westen" befanden. Ein Matrose ergriff eine der zurückgelassenen MPi-41, um den Fahnenflüchtigen eine MPi-Salve hinterherzujagen. Dieses Ansinnen konnte jedoch gerade noch rechtzeitig von zwei Kameraden verhindert werden. Nach anfänglicher Ratlosigkeit und Verwirrung unter der Besatzung wurde den Männern klar, dass sie hier so schnell wie möglich wieder weg müssen. Der I WO befahl, das Boot sofort seeklar zu machen, die Vor- und Achterleinen zu kappen bzw. einzuholen. Im Gegensatz von zuvor half diesmal kein Passant beim Ablegen, obwohl sich die Pier allmählich mit Schaulustigen füllte. Eile war geboten, denn dem Pieranleger näherten sich drei Pkw mit uniformierten Beamten. Ungehindert von Grenzschutz See und dem WS-Boot FALKE, das nahe der Hafeneinfahrt lag, lief „G 423" gegen 19.10 Uhr wieder aus. Mit Höchstfahrt und Kurs Ost ging es zurück nach Wismar.

Der einmalige Aufenthalt eines DDR-Marineschiffes in der BRD dauerte etwa zehn Minuten. Damit dem Gegner die geheimen Gesprächstabellen und Funkunterlagen nicht in die Hände fallen, vernichtete die Besatzung vorsorglich diese Dokumente nach dem Ablegen. Die befürchtete Verfolgung und Aufbringung in See blieb jedoch aus.

Reedeschutzboot Typ DELPHIN
(Deplacement 37,6 t, Antrieb 2x „Jumo 205 C" oder 4 NVD 26 A, Vmax 21 sm/h)

Trotz widersprüchlicher Zeitangaben im MfS-Untersuchungsbericht, der allein auf Aussagen der Besatzung beruhte, ließ der I WO zwischen 19.22 und 19.44 Uhr zwei Funksprüche absetzen. Die 1. Meldung lautete: „Meuterei an Bord, erbitte Hilfe, ein Mann verletzt." Der 2. Spruch folgte gegen 19.44 Uhr: „Laufe Kurs Wismar, bitte um Einlaufgenehmigung." Als die 1. Meldung beim operativen Diensthabenden der 6. GBK einging, war man sich der ernsten Lage bewusst. Das Bereitschaftsboot „G 421" erhielt den Befehl zum Auslaufen aus dem Stützpunkt Wismar, um „G 423" mit Höchstfahrt zu Hilfe zu eilen. Die Führung der Grenzbrigade befürchtete, dass NATO-Kräfte in das Geschehen in See eingreifen könnten. Deshalb bat der Grenzer-Stabschef die VM um Hilfe. Kurz darauf liefen zwei in See stehende MLR Typ KRAKE Kurs Lübecker Bucht. Der Kommandeur der 17. Grenzbereitschaft, Militärstaatsanwalt und Leiter Seedienst begaben sich sofort zum Stützpunkt Wismar. Ihnen folgte ein NVA-Sanitätsfahrzeug. Erst um 20.30 Uhr, als alles schon gelaufen war und sich „G 423" bereits auf Heimatkurs befand, meldete die KBS Barendorf: „G 423 Kurs einlaufend Travemünde, kurz davor Flaggenwechsel, danach Wendung auf Gegenkurs laufend 84°. ES-Austausch erfolgt." Vermutlich kam diese Meldung erst auf Nachfrage des Diensthabenden der GBK zustande. Um 20.55 Uhr wurde das schwere Vorkommnis dem amtierenden Kommandeur der DGP, Oberst Seyffert, gemeldet. Nach drei Stunden und 45 Minuten der Bord-Odyssee machte „G 423" um 21.15 Uhr im Stützpunkt der 3. Bootsgruppe in Wismar fest.

Der DELPHIN-Ausreißer war kaum an der heimatlichen Pier fest, da setzte sich der MfS-Apparat der Untersuchung, dienstlichen Einmischung, Maßregelung und Bestrafung der „Schuldigen" in Bewegung. Die Bearbeitung des Falls mit dem Ziel der Rückholung und Aburteilung der „Verreter [sic]", so der Titel mit Rechtsschreibfehler der betreffenden MfS-Akte, lief sage und schreibe bis 1986. Die Aufklärung der fahnenflüchtigen Marinegrenzer, Beschattung, Bespitzelung und Erpressung von Eltern, Freundinnen und Bekannten band Ressourcen, die den MfS-Chef VM, Oberstleutnant Bünning, am 30. Dezember 1970 zur Aktenschließung veranlassten. Ganz im Sinne des politischen Auftrages des MfS und seiner diensteifrigen Mitarbeiter verfolgte der Leiter der Abteilung XII in der HA I – offensichtlich aus eigener Profilierungsabsicht – den Fall noch 16 Jahre weiter. Mit allerlei Tricks, die genügend Stoff für ein Extrakapitel hergeben würden, versuchte man, die drei Männer zur Übersiedlung in die DDR zu bewegen, um sie dann der richterlichen Verurteilung zuzuführen.

Den Beleg dazu lieferte der Chef der MfS-Abteilung VII. Er veranlasste am 18. April 1978, dass über den flüchtigen ehemaligen Rudergänger von „G 423", einen inzwischen 38-jährigen Mann, sogenannte Signalkarten an alle MfS-Bezirksverwaltungen verschickt wurden. Ohne diese weitere Verfolgung durch das MfS hätte wahrscheinlich die Bezirksverwaltung Cottbus gar nicht mitbekommen, dass der Ex-Rudergänger im Januar 1986 plante, gemeinsam mit seiner Frau zur Beisetzung seiner verstorbenen Mutter in die DDR einzureisen. Über das Reisebüro buchte das Ehepaar ein Zimmer im Cottbusser Hotel „Lausitz". Doch Pech für das MfS und Glück für das Ehepaar. In Vorahnung der Gefahren sagten sie ihr Kommen ab. Die Hoffnung auf eine Festnahme des ehemaligen Marinegrenzers nach 25 Jahren (!!) erfüllte sich nicht. Darüber hinaus enthält der aktenkundige Vorgang „Verräter" Angaben zu Familienangehörigen, Verwandten und einer Jugendfreundin des Rudergängers. Diese Personen wurden bis in die 80er Jahre hinein vom MfS beschattet. Die ehemalige Freundin (lt. MfS 1961 Verlobte des Obermatrosen) wurde als IM angeworben. Man hoffte, über diese Frau Kontakt zum Rudergänger zu bekommen. Alles geschah in der Absicht, einem angeblichen Verräter auf die Spur zu kommen und ihn zu bestrafen.

Nach dem Anlegen von „G 423“ stellte das MfS alle für die Untersuchung relevanten Borddokumente sicher. Die Besatzung wurde per Bus zur MfS-Bezirksverwaltung Rostock gefahren. Als sie dort um 0.30 Uhr des Folgetages eintraf, begannen sofort die Zeugenvernehmungen durch die Untersuchungsabteilung IX/6. Der Bericht lag bereits einen Tag später am 25. August vor. Ihm folgte das Bestrafungskarussell, das auch MfS-Offiziere erfasste. Offiziere des Stabes der GBK hätten die Anleitung und Kontrolle gröblich vernachlässigt und die zuständigen MfS-Offiziere samt ihrer IMs kläglich versagt. Der Generalvorwurf an alle Vorgesetzten lautete: „Ungenügende politisch-ideologische Erziehungsarbeit ermöglichte den feindlichen Einfluss des Gegners.“ Trotz seines Urlaubes wurde der Kommandant wegen Vernachlässigung seiner politischen und militärischen Führung bestraft. Das gleiche Schicksal ereilte den I WO. Kein Satz über das verantwortungsbewusste und besonnene Handeln von Obermeister Sch. und seiner Crew, die in einer sehr prekären Lage durch richtige Entscheidungen Gegenaktionen mit möglichen fatalen Folgen abwendeten.

Am 26. August legte eine Gruppe von sechs Offizieren vom Kommando DGP einen gesonderten Untersuchungsbericht vor. Der in 12 Schwerpunkte gegliederte Vorgang beinhaltete eine Zustandsanalyse über „G 423“ und zur Bootsgruppe mit diversen Schlussfolgerungen und Vorschlägen. Ab sofort hatten auf allen Grenzer-Booten der Kommandant, sein Gehilfe (I WO) und der leitende Maschinist an Bord eine Pistole zu tragen. Obwohl „G 423“ am Ende des Ausbildungsjahres 1961 den Titel „Bestes Schiff der Brigade“ verliehen bekam, löste sich die Besatzung nach dem Travemünder Desaster förmlich auf. Vier Matrosen wurden sofort entpflichtet und entlassen. Zwei weitere Matrosen erhielten eine Landverwendung. Das weitere Schicksal des Kommandanten und seines I WO ist nicht aktenkundig.

Nachdem die drei übergelaufenen jungen Männer das Aufnahmeverfahren in der BRD durchlaufen hatten, fanden sie Arbeit und Unterkunft. Der Ari-Gast, Matrose P., schickte seiner in Kargow (Kreis Waren) lebenden Mutter eine Postkarte mit lieben Grüßen aus Kiel. Über das Lebenszeichen waren Mutter P., Freunde und Bekannte sehr erfreut. Ganz anders dagegen die Volkspolizei und das MfS, denen natürlich die Postsendung nicht verborgen blieb. Schon bald darauf verbreitete sich unter der Bevölkerung in Kargow und Umgebung ein sagenhaftes Gerücht. Ein VP-Hauptwachtmeister vom VP-Kreisamt Waren erstellte dazu folgenden Aktenvermerk: „Ein Grenzboot der DDR-Seestreitkräfte mit 80 Mann an Bord wollte illegal die DDR verlassen. 77 Mann wurden geschnappt, drei Mann sind rüber gekommen, darunter ein Bürger aus Kargow. Drei Matrosen haben mit Gewalt die Schiffsführung an sich gerissen. Der Kapitän des Bootes ist mit Waffengewalt gezwungen worden, die DDR illegal zu verlassen."

2007 – auf den Spuren der Vergangenheit

Gemeinsam mit zwei ehemaligen Besatzungsangehörigen von „G 423" begab sich im August 2007 ein Drehteam des NDR-Fernsehen nach 46 Jahren wieder an den Ort des damaligen Geschehens. An einem fast windstillen und sonnigen Augusttag befahren wir mit MS STURMVOGEL II noch einmal jenen Küstenabschnitt bis Travemünde, den die unter Deck eingesperrte Besatzung unter der Gewaltausübung der drei Fahnenflüchtigen im August 1961 in angsterfüllten Stunden erzwungenermaßen zurücklegte. Ziel unseres Travemünder Landgangs ist das Gebäude des WS-Reviers mit Bootsanleger. Dank dem Verständnis der Beamten für die zeitgeschichtlichen Recherchen des NDR dürfen wir nach Genehmigung der Vorgesetzten einen Blick in die Dienstchronik des WS-Reviers werfen. In dem dicken Ordner ist das Ereignis der „Flucht eines Wachbootes der sowjetzonalen See-Grenzpolizei am 24. August 1961 mit Festmachen kurz vor 19 Uhr" dokumentiert. „Drei Seegrenzpolizisten baten um politisches Asyl. Sie wurden noch am Abend vernommen". Die einmalige Episode trägt den Vermerk: „Keine besonderen Vorkommnisse". Es ist ja auch nichts weiter passiert. Scheinbar handelte es sich um einen ganz normalen Dienstalltag.

Für die Marinegrenzer der DDR war die Entführung ihres Bootes, der „Blitzbesuch beim Gegner" mit dem für Unbeteiligte friedlich anmutenden Ein- und Auslaufen aber durchaus nicht normal oder alltäglich. In ruhiger und angenehmer Atmosphäre treffen wir uns anschließend zum Interview. Ich bin sehr gespannt, denn bisher kenne ich die einmalige Story nur aus grauen Archivakten. Primärerfahrung oder

Erinnerungskultur dagegen bezieht sich immer auf selbst erlebte Vergangenheit. Darin liegt der Zugang zur Zeitgeschichte. Jeder speichert im Laufe seines Lebens eigene Geschichtserfahrung. Dabei nimmt jeder andere Ausschnitte der Wirklichkeit war und verknüpft diese auf eigene Weise mit dem subjektiven Beziehungsnetz seiner Lebensumwelt. Wie war das nun damals vor 46 Jahren?

Die Erinnerungen der beiden inzwischen etwas gealterten und ergrauten Besatzungsangehörigen, spiegeln die Dramatik jener Stunden vor der westlichen Küste Mecklenburgs, in freier See und Travemünde wider. Ihre Erzählungen sind getragen von Verbitterung, Wut und Unverständnis, aber auch damaliger Entschlossenheit. Ihre Gedanken sind zugleich Ausdruck von Emotionen, die die MfS-Akten freilich nicht vermitteln können. Zu meiner Überraschung und zur Freude des NDR-Redakteurs präsentiert uns einer der Männer eine perfekte Fotosammlung über „G 423“. Zeitdokumente, die für mich als Militärhistoriker das Salz in der Suppe sind. Hätte es jedoch die Ladehemmung der MPi-41 an Bord nicht gegeben, wäre unser damaliger Signalgast vielleicht tot. Jetzt sitzt er vor uns. Er beschreibt noch einmal alles so, als wäre es erst gestern gewesen, dass der Koch direkt am Niedergang ins Deck die MPi auf ihn richtete. Die Schrecksekunde als er abdrückte, wird unser Signalgast wohl nie vergessen. Zum Glück machte es nur Klack. Die Waffe hatte eine Ladehemmung. Während der Signalgast zur Seite sprang, ließ sich der Koch von seinen Kumpanen eine neue, feuerbereite MPi reichen. Dann drückte er erneut ab. Eine Kugel des kurzen Feuerstoßes traf den Maschinisten am Fuß. Heute, in dieser Stunde, ist er unser zweiter Zeitzeuge: „Zum Glück keine ernsthafte Verletzung, aber die Wunde blutete mächtig“, sagt er und zeigt uns die Narbe an seinem Fuß. Sie ist ein bleibendes Andenken deutscher Spaltung und seines damals „besten Freundes“. Die Kamera bleibt aus Rücksicht aus. Wie wir sehen können, handelt es sich demnach nicht um eine harmlose „Sachbeschädigung in den Schuh“, wie es später ein Travemünder Fluchthelfer, der bereits erwähnte Fähnrich der BM in Zivil, in einer Leserdiskussion im MARINEFORUM nach Erzählungen der Fahnenflüchtigen über den Vorfall am 24. August 1961 zu verharmlosen versucht. Während der Dreharbeiten konfrontieren wir unsere beiden Zeitzeugen mit den Ansichten des Marinefluchthelfers in Travemünde. Dieser rechtfertigte in seiner Leserzuschrift im MF die nach seiner Ansicht nahezu harmlos verlaufene Flucht der drei Marinegrenzer mit dem KS-Boot „G 423" von Ost nach West u. a. als legitimes Recht auf persönliche Freiheit, da die drei jungen Männer aus einem Unrechtsstaat flüchteten. Die Verärgerung ist unseren beiden Zeitzeugen förmlich anzusehen. Ein Besatzungsangehöriger, der die Waffe gegen „seine Kameraden" richtet und diese gegen sie einsetzt, begibt sich ins Abseits von jeglichem Freiheitsverständnis. Diese Person begeht *offene Meuterei* auf See!

Fahnenfluchten von „Ost nach West" im Namen des Rechts auf Freiheit gutzuheißen bedeutet, den Tod von Marinesoldaten (VM) zu akzeptieren, wenn diese sich dem Fahnenfluchtvorhaben an Bord widersetzen bzw. die Entführung ihres Schiffes in ein NATO-Land verhindern wollen. Eine solche Auffassung über Recht und Unrecht in der DDR im Allgemeinen und über den Militärdienst auf einem Marineschiff im Besonderen empfinden die, die in der VM jahrzehntelang gedient haben, als anmaßend und realitätsfremd. Die Rechtfertigung und Verharmlosung von Fahnenfluchten auf einem VM-Fahrzeug bedeutet, die von den Akteuren an Bord ausgelöste Spirale der Gewalt zu akzeptieren. Im Verlauf meiner 23-jährigen Marinedienstzeit ist mir in der 1. (Peenemünde), 4. (Warnemünde) oder 6. Flottille (Dranske) keine Bootsbesatzung oder Schiffsführung begegnet, die die Entführung ihres Schiffes in ein NATO-Land zugelassen, geschweige denn diese resignierend hingenommen hätte.

Unbestritten gilt, dass in jeder Armee der Welt Fahnenfluchten als Verbrechen verurteilt werden, weil diese Handlung zugleich mit einem Treue- bzw. Eidbruch verbunden ist. Wie verhält sich aber die Sache nach Ansicht der FF-Befürworter von gewaltfreier NVA-Fahnenflucht (an der innerdeutschen Landgrenze), wenn der Staat DDR, der diese Treue einfordert, selbst durch sein „politisches Unrechtssystem" dieser Treue angeblich nicht würdig ist? Ist ein Marinesoldat, der wegen des hohen Gutes Freiheit ein Kriegsschiff für eine Fahnen- bzw. Republikflucht nutzt, ein Held, Meuterer oder Verbrecher? Hier liegen die Auffassungen der Betroffenen beider Seiten meilenweit auseinander.

Die Wahrnehmung des Rechts auf Freiheit rechtfertigt auf keinen Fall Gewalt gegen andere. Hierbei ist es unerheblich, ob diese in die Tat umgesetzt, angedroht oder gedanklich „nur" geplant wurde. Kompliziert wird die Situation, wenn sich der Fahnenflüchtige in vermeintlicher Notwehr befindet, wenn er befürchten muss, dass Besatzungsangehörige zur Verhinderung der Flucht auf ihn schießen. Das war jedoch auf „G 423“ nicht der Fall. Alle drei Fahnenflüchtigen handelten in verbrecherischer Absicht, in dem sie die Waffe gegen „ihre Kameraden“ richteten. Ohne die Ladehemmung an der MPi-41 hätten wir die Szene mit dem Signalgast vielleicht auf dem Friedhof drehen müssen.

1972 in seiner Fahrenszeit bei der DSR als 1. Offizier auf dem Schiff F. J. CURIE traf unser Signalgast von „G 423“ zufällig im Hafen von Nigeria „seinen“ damaligen Koch. Der auf einem westdeutschen Reeder fahrende ehemalige Marinegrenzer erkannte seinen Kameraden sofort. Die versöhnliche Geste des Bosses vom damaligen FF-Trio zur Begrüßung nach elf Jahren stieß verständlicherweise auf energische Ablehnung. Wer reicht schon jemanden die Hand, der auf seine Kameraden schoss?

Grenzpolizei entert MS SEEBAD BINZ vor Arkona

In den Vormittagstunden des 18. August 1961 empfing Rügenradio in Glowe den Hilferuf des Kapitäns vom MS SEEBAD BINZ mit der Meldung über eine Meuterei an Bord. Berliner Jugendliche wollten angeblich für eine Republikflucht das Einlaufen nach Bornholm erzwingen. Kurz darauf stach ein Bereitschaftsboot der Grenzbrigade von Saßnitz aus in See.

Das KS-Boot mit seinen neun Mann Besatzung nahm Kurs zum Fahrgastschiff der Weißen Flotte. Der Einsatzbefehl lautete: das Schiff aufbringen, die „Provokateure“ zur Aufgabe ihres Vorhabens zwingen und das MS nach Saßnitz geleiten. Einzelheiten zum Geschehen an Bord waren nicht bekannt.

Unter der Schlagzeile „Die verhinderten Piraten des Herrn Dibelius“ berichtete das „Flotten-Echo“ in den Ausgaben vom 1. und 5. September 1961 über den vor dem I. Strafsenat des Rostocker Bezirksgerichtes vom 22. bis zum 26. August 1961 verhandelten Fall von „Banditentum“. Die Aktenlage im BStU-Archiv lässt das Geschehen nach 46 Jahren in einem ganz anderen Licht erscheinen.

Als in den Morgenstunden des 18. August der Ausflugsdampfer SEEBAD BINZ von Wolgast zur Eintagesfahrt „Rund um Bornholm“ in See stach, ahnte noch keiner der etwa 200 Passagiere, was sie auf

See erwarten würde. Unter ihnen befanden sich eine Gruppe von 16 Jugendlichen der Jungen Gemeinde Schmöckwitz in Berlin sowie Studenten der Freien Universität in Westberlin. Nach Verlassen des Windschattens der Küste Rügens wurde die See nordöstlich Stubbenkammer zunehmend rauer. Immer mehr Landratten zollten Rasmus Tribut. Viele hingen von der Seekrankheit gezeichnet über der Reling. Der Kapitän entschloss sich, die Fahrt „Rund um Bornholm" abzubrechen und ging auf Gegenkurs. Aus Protest gegen den Fahrtabbruch verfasste der Schmöckwitzer Pfarrerssohn eine Art Spaß-Petition: „Seiner Majestät, dem Herrn Admiral auf MS SEEBAD BINZ untertänigst übermittelt. In Anbetracht der guten Stimmung auf dem Oberdeck bitten 10 Berliner stellvertretend für die meisten Passagiere um Fortsetzung der Fahrt in Richtung Bornholm." Angesichts Windstärke 6 zunehmend WNW wurde die „Bitte" abgelehnt. Daraufhin forderten die Mädchen und Jungen in Sprechchören das Anlaufen von Bornholm. Der Kapitän vermutete an Bord seines Schiffes unter den Passagieren eine Meuterei. Aus dem jugendlichen Jux-Papier mit den Unterschriften wurde binnen weniger Stunden politischer Ernst. Zusätzlich verschärfte sich die Situation, als dem Kapitän Trinkwassermangel an Bord gemeldet wurde. Trotz der wenigen Stunden in See waren die Trinkwassertanks leer. Ob der hohe Wasserverbrauch durch das Öffnen der Ventile vorsätzlich herbeigeführt wurde, blieb ungeklärt. Für den Kapitän, der vom Gericht als Zeuge geladen wurde, schien die Sache eindeutig. Nach seiner Ansicht wurde das Wasser in provokatorischer Absicht für einen Tank-Zwischenstopp auf Bornholm abgelassen. Er rief per Funk die Boote der Grenzpolizei um Hilfe. Tage später meldeten die DDR-Medien: „Eine Bande gegnerischer Elemente habe die Mannschaft der SEEBAD BINZ überwältigt und die Passagiere in einen Raum gezwungen", um per Schiff nach Bornholm zu flüchten. In den BRD-Medien, die den Zwischenfall fünf Tage nach Grenzschließung aufgriffen, wurden aus den jugendlichen „Banditen" Opfer des Ulbricht-Regimes, zu denen sie die DDR-Justiz dann auch machte.

Ein KS-Boot der Grenzbrigade näherte sich in rasanter Fahrt dem in See schaukelnden Ausflugsdampfer. Das Buggeschütz schwenkte in Richtung Schiffsbrücke.

KS-Boot (GBK) mit 12,7 mm Fla-MG-Zwilling

KS-Boot der 6. GBK mit 20 mm Zwillingslafette auf dem Vorschiff

Man vermutete, dass sich dort die „Meuterer" verschanzt hatten. Den friedlich winkenden Passagieren verschlug es wegen der unmissverständlichen Drohung die Sprache. Die Grenzer kamen längsseits und eskortierten die SEEBAD BINZ nach Saßnitz. Der Verhaftung folgte der Prozess. Da sich die Schiffsentführung nicht beweisen ließ, wurden 10 Jugendlichen wegen ihres religiösen Glaubens und Besuchens der Westberliner Kirchentage als „Staatsfeinde" und „Söldner der NATO-Kirche" vorgeführt. Sie erhielten Haftstrafen von drei Monaten bis acht Jahren. Die beiden zu acht Jahren verurteilten Rädelsführer gehörten 1963 zu den ersten vom Westen freigekauften politischen Häftlingen aus der DDR.

Die letzte Fahrt eines DDR-Fahrgastschiffes mit Kurs „Rund um Bornholm" fand am 15. September 1961 statt. Die damals in den Medien reißerisch aufgemachte Story über den Jugendstreich bot für das DDR-Fernsehen Unterhaltungsstoff für die Krimiserie „Blaulicht". Entsprechend dem Zeitgeist galt der Einsatz des KS-Bootes der GBK lange Zeit als Beispiel für militärische Pflichterfüllung in See. Die Passagiere auf der MS SEEBAD BINZ sahen das selbstverständlich anders.

„Haie haben keine Chance" – Herbst 1961

Unter dieser Schlagzeile und *„Wir schlagen zu"* im „Flotten-Echo" verbargen sich in jenen Tagen des August und September 1961 Einzelschicksale von Republikflüchtigen über die Ostsee.

Am 28. August versuchten zwei DDR-Bürger mit der Segelyacht „Möwe“ nach Schweden zu gelangen. Nachdem das Fehlen der Yacht durch den Besitzer festgestellt wurde, nahmen Boote der GBK die Suche in See auf. Der Segler wurde im Seegebiet nördlich von Arkona aufgebracht und beide Insassen verhaftet.

Weil sich auf dem Fischkutter WOG 9 eine nicht zur Besatzung gehörende Person befand, wurde das Fahrzeug am 31. August in See gestellt. Das Argument des Mannes, für einen erkrankten Kollegen kurzfristig eingesprungen zu sein, verschonte ihn dennoch nicht von der Verhaftung.

Ein Schwimmmeister und ein Kellner aus dem Seebad Koserow auf Usedom versuchten per Ruderboot mit Außenbordmotor die DDR zu verlassen. Nachdem Bürger das Fehlen des Bootes bemerkten, wurden beide Ausreißer auf offener See gestoppt und verhaftet.

Bei dem Versuch, mit einem Schlauch- und Paddelboot in Richtung der BRD-Territorialgewässer zu flüchten, stellten Grenzsicherungskräfte fünf Berliner.

Während ihres Ferienurlaubes in Warnemünde wurde eine Studentin der Freien Universität in Westberlin von der Grenzschließung überrascht. Von ihrem Vorhaben, mit der Fähre nach Gedser zu fahren, um dann über Dänemark wieder nach Westberlin einzureisen, erfuhren Passagiere und das MfS. Die Studentin wurde verhaftet und wegen ihres „Grenzgängerdaseins“ zu zehn Monaten Gefängnis verurteilt.

4.4. Wunschtraum: mit U-Jagdschiff HAI „412" TETEROW zur Kieler Woche 1967

1966 lieferte die Peenewerft in Wolgast U-Jagdschiffe vom Typ HAI (Projekt 12.4) an die VM. Dieser Neubau war zugleich die Premiere für den Einsatz von Gasturbinen (2 Stück mit je 3.677 kW) in der Schiffsantriebsanlage. Ursprünglich für die Luftfahrtindustrie der DDR entwickelt, erreichte das Schiff (BRT 320 t) mit Zuschaltung beider Turbinen-Luftstrahltriebwerke (Typ Pirna 014) eine Geschwindigkeit von 32 sm/h. Die zwölf Boote der U-Jagdabteilung waren im Marine-Stützpunkt der 1. Flottille in Peenemünde stationiert.

An einem herbstlichen Nachmittag Ende Oktober 1966 klönten zwölf Besatzungsmitglieder bei einer Tasse Kaffee in der Mannschaftsmesse des U-Jagdschiffes „412" TETEROW. Die Stimmung an Bord war nicht die beste. Allgemeine Dienstunlust machte sich unter der Mannschaft breit. Diese resultierte vor allem aus der hohen dienstlichen Belastung zur Gewährleistung einer permanent hohen Gefechtsbereitschaft. Resignierend äußerte ein Matrose in der Kaffeerunde: „Das Beste wäre, sich dem weiteren Dienst durch Flucht in den Westen zu entziehen." An dieser Gesprächsrunde nahm auch der FDJ-Sekretär des Schiffes, ein Obermatrose teil. Er interessierte sich sehr für die alljährlich stattfindende Kieler Woche und war von dem maritimen Spektakel begeistert. Er überraschte seine Kameraden mit dem scherzhaft gemeinten Vorschlag: „Jungs, was wäre das für eine tolle Show, wenn wir mit dem HAI in den Kieler Hafen einlaufen würden."

U-Jagdschiff Typ HAI

Aus der spontanen Idee entwickelte sich in der Mannschaftsmesse eine rege Diskussion über Möglichkeiten zur Verwirklichung des Vorhabens. Innerhalb einiger Wochen erfuhr das Gespräch jedoch eine gefährliche Wandlung. Allen an der Gesprächsrunde Beteiligten war klar, dass die reguläre Schiffsführung dieser Seefahrt mit dem Zielhafen Kiel niemals zustimmen würde. Vorschläge über die Funktionsverteilung an Bord machten die Runde. Stabsmatrose X, der den Kurs koppeln konnte, fühlte sich auch zur Schiffsführung befähigt. Der E-Gast traute sich zu, die Maschinen zu bedienen. Der Funk-Gast sollte irreführende Sprüche absetzen. Um an die eingeschlossenen Handfeuerwaffen zu gelangen, wollte man den Ari-Gast in die Aktion an Bord einbeziehen. Und irgendwie mussten die Bord-Offiziere und der Rest der Besatzung in Schach gehalten werden.

Nach diesem Gespräch befassten sich der Funkmaat, der Funkmessgast, der Sperrgast, der E-Gast und der E-Nautiker detaillierter mit der Schiffsentführung in Richtung BRD. Unabhängig voneinander kamen sie jedoch zu dem Ergebnis, dass die Chancen zur Realisierung des Vorhabens sehr gering sind. Deshalb wurden die Planungen für die erwogene „Seefahrt zur Kieler Woche" nach einiger Zeit fallen gelassen. Aus dem Landgang am Kieler Bollhörnkai oder Hindenburgufer wurde nichts. Die Mehrzahl der an den Gesprächen beteiligten Besatzungsmitglieder wertete das Vorhaben ohnehin als „Spinnerei". Sie nahmen die Sache überhaupt nicht Ernst. Das Thema schien deshalb für alle Beteiligten erledigt – nicht jedoch für das MfS. Nach der Information eines IM über das Gespräch in der Mannschaftsmesse verfolgte das MfS verdeckt das weitere Geschehen an Bord. Von all dem hatte die Schiffs- und Abteilungsführung keinerlei Kenntnis. Die Bordoffiziere wurden vom MfS nicht über die Fahnenfluchtgespräche informiert. Man ließ die Sache einfach laufen. Es passierte aber nichts, das Vorhaben schien aufgegeben. Schließlich kam es am 26. und 27. Januar 1967 in Peenemünde zur Festnahme von acht Besatzungsangehörigen des U-Jagdschiffes. Wegen „des Verdachts der Vorbereitung zur gewaltsamen Inbesitznahme des U-Jagdschiffes „412" zur Durchführung einer Gruppen-Fahnenflucht nach Westdeutschland" führte die MfS-Untersuchungsabteilung IX/6 Ermittlungen gegen diese Marinesoldaten. Nach Abschluss der Ermittlungen wurden zwei Stabsmatrosen und ein Obermatrose am 4. Februar 1968 fristlos aus der NVA entlassen. Fünf Matrosen erhielten Arreststrafen von vier bzw. fünf Tagen. Den Rest ihrer Dienstzeit verbrachten sie in Landverwendungen. Sie wurden vom MfS „operativ unter Kontrolle gehalten". Um jederzeit über das weitere Geschehen informiert zu sein, warb das MfS aus dem Kreis der Beteiligten geeignete Personen als IM an.

In der Ursachenforschung vermutete das MfS, dass das Gespräch über den „Besuch des U-Jagdschiffes HAI zur Kieler Woche" durch die ungenügende Wirksamkeit der ideologischen Erziehungsarbeit und Politschulung begünstigt wurde. Parallelen zur der ebenfalls im Januar 1967 vereitelten Gruppen-FF mit dem U-Jagdschiff 474 der 7. U-Jagdabteilung bestanden jedoch nicht.

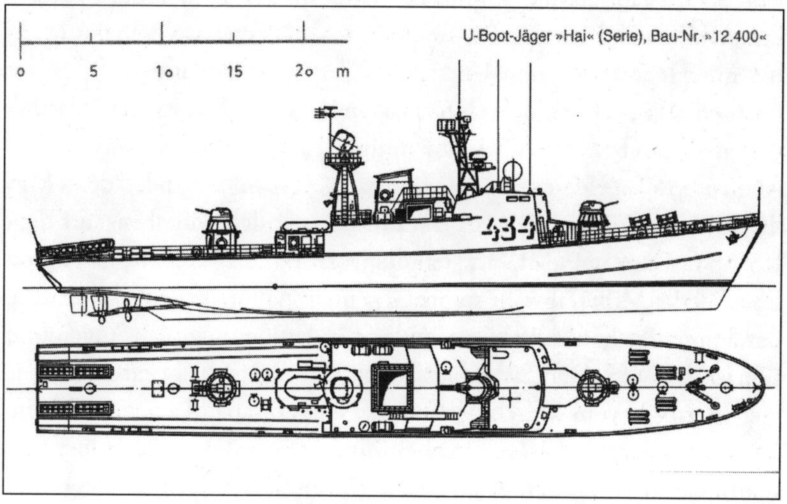

4.5. Fluchtplan auf RS-Boot „752" – mit 75 km/h in den Westen

In den Morgenstunden des 11. Oktober 1967 kam es überraschend zu sieben Festnahmen von Marinesoldaten des RS-Bootes „752" (Projekt 205, sowjetische Produktion) der 5. Raketenschnellboot-Abteilung im Stützpunkt Dranske auf Rügen. Eine Gruppe, bestehend aus dem 1. und 2. Funkgast, dem Rudergänger, dem Nautiker, dem Ari-Gast, dem Signalgast und dem Hangergast, plante angeblich seit dem bekanntgewordenen Fluchtbeispiel auf dem U-Jagdschiff „474" ebenso die gewaltsame Inbesitznahme des RS-Bootes. Anschließend wollten die Männer mit Höchstfahrt und Kurs 270° West in westdeutsches Seegebiet flüchten. Eine Verfolgung durch eigene Kräfte schlossen die Männer wegen ihrer überlegenen Geschwindigkeit auf See nahezu aus. Am 3. August 1967 meldeten zwei IMs unabhängig voneinander dem MfS die konkreten Planungen zur Verwirklichung des Vorhabens auf dem RS-Boot. Diese vom MfS als „feindliche Handlung" eingestufte Aktion löste bei der Militärabwehr sofort Gegenmaßnahmen zur Verhinderung der Fahnenflucht aus. Von nun an lief die Aktion unter den Augen und Ohren des MfS. Den Sicherheitsleuten war nunmehr bekannt, dass je vier Matrosen vom Maschinen- und Seemännischen Personal planten, das RS-Boot unter Anwendung bewaffneter Gewalt während einer Seeübung in ihre Kommandogewalt zu bringen. Zur Verwirklichung ihrer Fahnenfluchtabsicht hatte sich die Crew unter Führung des 2. Funkgastes entsprechende Seekarten beschafft. Darin hatten sie bereits die Kurse in Richtung schwedische und BRD-Küste für die Aktion vorgekoppelt. Die Entführer glaubten, sich der einkalkulierten Verfolgung durch Ausnutzung der von den drei leistungsstarken Dieselmotoren erzeugten 8.800 kW Antriebsleistung mit einer Geschwindigkeit von etwa 75 km/h entziehen zu können.

Der Aktionsplan beinhaltete nach MfS-Erkenntnissen folgende Festlegungen:

- Auf ein verabredetes Klingelsignal hin wollte der Rudergänger das RS-Boot auf Westkurs bringen und anschließend das Ruder blockieren. Er und der Nautiker trauten sich zu, das Schiff selbständig in See zu navigieren.

- Der Ari-Gast (vermutlich IM) sollte Handfeuerwaffen an die Fahnenfluchtcrew verteilen.
- Die Offiziere und nicht an der Aktion beteiligte Besatzungsangehörige sollten unter Androhung bewaffneter Gewalt unter Deck eingeschlossen und in Schach gehalten werden. Ferner war beabsichtigt, diese Personen in offener See in einem Schlauchboot auszusetzen.
- Dem 1. und 2. Funkgast oblagen funkelektronische Aufgaben. Sie sollten den Funkverkehr überwachen, um bei Verfolgung entsprechende Gegenmaßnahmen einzuleiten oder bei Notwendigkeit die Funkverbindung zum Stützpunkt abzubrechen. Die Aufnahme des Funkkontakts zu NATO-Fahrzeugen in See war ebenfalls eingeplant.
- Bei Verfolgung und versuchter Aufbringung durch eigene Marinekräfte sollte zur Abwehr das vollautomatische 30 mm Zwillings-Buggeschütz eingesetzt werden.

Raketenschnellboot Projekt 205 vor Arkona (Rügen)

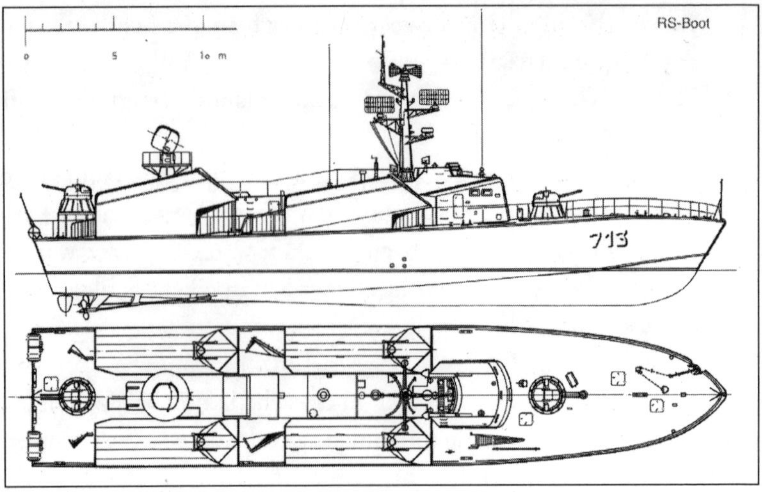

Ohne zu ahnen, dass alle Handlungen der Beteiligten an der Fahnenfluchtaktion bereits unter intensiver Beobachtung standen, beabsichtigte die Gruppe, im September 1967 während einer Seeübung vor Kap Arkona ihren Plan zu verwirklichen. Der Waffenkammerschlüssel befand sich bereits im Besitz des Ari-Gastes. Alle warteten auf das verabredete Signal vom 2. Funkgast. Der Obermatrose erkannte, dass die Chancen zur Realisierung des Vorhabens im Verlauf des Verbandsmanövers äußerst gering waren. Die anderen Schnellboote hätten die Flucht sofort bemerkt und Gegenmaßnahmen eingeleitet. Dass selbst in der Fluchtcrew das MfS mit im Boot saß, blieb dem Anführer bis zu seiner Verhaftung verborgen. Es ist zu vermuten, dass dieser IM „5 Minuten vor 12" eine Gegenaktion zur Verhinderung des Vorhabens ausgelöst hätte.

Am 15. Oktober 1967 erging dann gegen sieben Matrosen Haftbefehl wegen des „dringenden Verdachts der Fahnenflucht, Spionage und eines staatsfeindlichen Gewaltaktes". Drei weitere Matrosen kamen wegen des „Verdachts von staatsfeindlicher Propaganda und Hetze" in Untersuchungshaft. Ihr weiteres Schicksal ist nicht bekannt.

4.6. MfS verhindert Gruppenfahnenflucht auf TS-Boot „844“

In den frühen Morgenstunden des 31. August 1968 kollidierte das TS-Boot „844“ WILLI BÄNSCH vom Projekt 183 (Typ P-6) im Seegebiet nordwestlich Darßer Ort, etwa in Höhe Tonne 12 des Zwangsweges 1, bei dichtem Nebel mit dem dänischen Fährschiff DROTTNINGEN. Innerhalb weniger Minuten kenterte und sank das kleine, nur 67,5 t verdrängende Holzboot sowjetischer Bauart. Bei diesem in der VM-Geschichte tragischsten Seeunfall starben sieben Marinesoldaten den Seemannstod.

TS-Boote, Projekt 183 (Typ P-6)

Acht Monate zuvor sorgte das gleiche TS-Boot der 6. Flottille in Dranske für ein ganz anderes Aufsehen. Mitte Januar 1968 kam es dort zur Verhaftung von sieben Besatzungsangehörigen. Seit Wochen hatte das MfS auf dem TS-Boot eine geplante Gruppen-Fahnenflucht im Visier. Angeblich gehörten zu dieser Gruppe der Funker, der E-Gast, der Ari-Gast, zwei Torpedogasten und zwei Maschinisten. Nach Kenntnis des MfS unterbreitete der Ari-Gast, ein Stabsmatrose, im Dezember 1967 im Kreis von sechs Kameraden den Vorschlag, unter Anwendung von Waffengewalt das TS-Boot „844“ für eine gemeinsame Flucht in den Westen zu entführen. Alles schien gut vorbereitet. Die Aktion sollte bei der nächsten Übungsfahrt in offener See im Januar 1968 über die Bühne gehen. Dabei hoffte die Crew, auf See NATO-Kriegsschiffen zu begegnen. Mit Ausnahme des Kommandanten, des LI und des Bootsmannes rechneten die Entführer mit keinem ernsthaften Widerstand seitens der Besatzung. Um die Bootsführung in Schach zu halten, sollte diese unter Waffenandrohung in der Vorpik eingeschlossen werden. Dazu wollte man aus dem Waffenspind sechs MPis entwenden. Anschließend beabsichtigte das Führungsduo, das Kommando über das Schiff zu übernehmen. Die übrige Besatzung sollte während der Aktion ihre Funktion an Bord weiter ausüben. Falls sich kein NATO-Schiff in der Nähe befände, wollte die Crew einen skandinavischen Hafen anlaufen. Der Rädelsführer und sein engster Vertrauter ahnten jedoch nicht, dass sie vom MfS bereits unter mehrfacher Beobachtung standen.

Durch häufige Beschimpfungen „ihrer" Kameraden als „rote Schweine" wurde das MfS über IMs auf beide Matrosen aufmerksam. In der Mannschaftsunterkunft des Wohnschiffes „H-16" beleidigten sie Kameraden wegen deren vorbildlicher Dienstausführung mit Sätzen wie: „Leute mit roten Augen wurden früher verbrannt." Um die Reaktion der Schiffsführung auf das geplante Vorhaben zu testen, provozierte der Anführer den Kommandanten im Dezember 1967 mit der Fragestellung: „Was würden Sie unternehmen, wenn die Mannschaft bei einer See-Fahrt mit durchgeladener MPi hinter Ihnen stünde und den Kurs befehlen würde?" Im Gegensatz zum hellhörig gewordenen IM an Bord, der ja von den FF-Vorbereitungen Kenntnis hatte, wertete der Kommandant diese Frage als völligen Unsinn. Er zeigte dem Stabsmatrosen einen Vogel und nahm die Sache nicht Ernst. Er glaubte, sich auf seine Besatzung verlassen zu können. Dem war allerdings nicht so. Das MfS sah jedoch keine Veranlassung, den Kommandanten über die tatsächliche Lage an Bord zu informieren. Wenige Stunden vor dem Auslauftermin schlug dann das MfS Mitte Januar 1968 zu. Die als Initiatoren und Hauptschuldige eingestuften beiden Stabsmatrosen kamen in Untersuchungshaft. Ein Ermittlungsverfahren wurde eingeleitet. Nach tagelangen, schikanösen Verhören kamen die anderen fünf Marinesoldaten wieder frei. Obwohl unterstellt, konnte Ihnen keine Fluchtabsichten nachgewiesen werden. Im Zuge von Personalab- und -zuversetzungen wechselte auch der TS-Bootskommandant. Sieben Monate später kollidierte dann das TS-Boot „844" mit seinem neuen Kommandanten durch eklatantes seemännisches Fehlverhalten bei Nebelfahrt in See mit dem Fährschiff. Diese Geschichte mit den Hintergründen und Ursachen des Untergangs ist in KÖHLERS FLOTTENKALENDER 2007 ausführlich beschrieben.

4.7. Grenzschiff „G 424“ GRAAL-MÜRITZ mit „AK“ auf Westkurs – Zweifel über die Darstellung einer Fahnenflucht

Besucher, die 2001 im Kulturforum Burgkloster in Lübeck die Ausstellung „Über die Ostsee in die Freiheit“ sahen, erfuhren damals u. a. auch Einzelheiten über eine außergewöhnliche und zugleich tragisch endende Fahnenflucht eines Marineangehörigen der 6. GBK am 5. August 1979. In dieser Nacht brauste Obermaat Holger K.* mit dem MSR „G 424“ GRAAL-MÜRITZ, Projekt 89.1 vom Typ KONDOR I in voller Fahrt westwärts in Richtung Freiheit, in die BRD-Territorialgewässer. Dass diese FF-Aktion im Vorfeld vom MfS nicht aufgeklärt werden konnte, war damals schon sensationell. Das besondere Vorkommnis wurde in der 4. Flottille geheim gehalten.

Die MSR der 2. Grenzschiffabteilung lagen etwas abseits an einem Pontonanleger an der Westpier (ehemalige KSS-Pier), nahe dem Pinnegraben, der Ein- und Ausfahrt des Marinestützpunktes Warnemünde. An der Westpier hatten auch die Aufklärungsschiffe HYDROGRAPH, METEOR und KOMET der Vermessungsschiffabteilung ihren Liegeplatz. An jenem Augusttag 1979 führte mich eine dienstliche Aufgabe zur VSA. Ich wunderte mich an diesem Morgen über die außergewöhnliche Anwesenheit von mehreren Offizieren und Zivilisten am Anleger der Grenzer-MSR. Was ist denn da los? Stopp, ein mir gut bekannter Offizier gab mir zu verstehen, dass die Weiterfahrt zeitweilig nicht möglich sei. Also machte ich kehrt und radelte zurück zum Flottillenstab. Ich wusste zu jenem Zeitpunkt nicht, was sich kurz zuvor auf dem MSR ereignet hatte.

MSR KONDOR I Projekt 89.1

* Name erfunden

Später, Ende der 80er Jahre, ergab sich die Gelegenheit, mit dem damaligen LI von „G 424" – inzwischen Korvettenkapitän und Leiter einer MfS-Dienststelle – über das Ereignis zu sprechen. Immerhin war ich an Bord auch LI und beschäftigte mich gedanklich aus eigenem Erleben mit Handlungsoptionen bei einem eventuellen Angriff bzw. versuchter Überrumpelung durch einen Deserteur an Bord. Viele Informationen erhielt ich freilich in dem Vieraugengespräch nicht. Aber eines wusste ich jetzt, es gab einen „Verräter" an Bord von „G 424". Wen und was er angeblich verraten hatte, wusste ich nicht. Dem Einsatz des LI und des Kommandanten war es zu verdanken, dass die Schiffsentführung im letzten Augenblick verhindert werden konnte. Deshalb hatte ich nach 23 Jahren mit der „Heldengeschichte" der Ausstellungsmacher meine ganz persönlichen Akzeptanzprobleme. Die dramatisch mit überlebensgroßem Foto aufgemachte Story passte nicht zu dem Schicksal der vielen anderen über die Ostsee in den Westen geflüchteten DDR-Bürger. Ich wunderte mich über die nach meinem Empfinden einseitige Darstellung der gescheiterten Fahnenflucht des Obermaates. Selbst dem aufmerksamsten Betrachter blieb verborgen, wer die Spirale der Gewalt an Bord auslöste. Ursache und Wirkung des Waffeneinsatzes auf einem Marineschiff verkehrten sich hier nach über zwei Jahrzehnten ins Gegenteil. Ohne Zweifel berührte mich das tragische Schicksal des jungen Mannes schon. Doch was war an Bord genau passiert? Wieso hatte im Gegensatz zu den anderen FF-Beispielen hier im Vorfeld niemand etwas bemerkt? Ich ging der Sache nach. Im Ergebnis von detaillierten Recherchen fand ich nach 25 Jahren eine plausible Erklärung. Der Entführer mit dem Decknamen „Peter Krüger" war einer von drei IMs an Bord des Schiffes. Zu Beginn seiner Dienstzeit wurde der E-Maat ab Juli 1977 vom MfS als „IM mit Sicherungsaufgaben" geführt. Seine sichernde und dann informelle Mitarbeit, soweit sie nicht rein statistischer Natur war, währte angeblich 13 Monate. Dann zeigte er der „Firma" die kalte Schulter. Er löste die Verbindung. Es besteht durchaus die Möglichkeit, dass der Obermaat die IM-Affäre als geschickten Schachzug im Rahmen seines Vorhabens nutzte, um die MfS-Strukturen auf seinem Schiff zu erkunden. Wenn das tatsächlich seine Absicht war, dann ging diese zu 100 % auf. Denn durch Dekonspiration erhielt er Kenntnis über die anderen IMs an Bord. Darunter befand sich der Führungs-IM „Peter Rosche", der zugleich sein Vorgesetzter auf „G 424" war. Damit wusste Obermaat Holger K., vor wem er sich besonders in

Acht nehmen musste. Es schien so, als hätte er für seine Fluchtaktion zunächst alles bestens im Griff.

„G 424" unter dem Kommando eines Obermaat

Aus dem Grenzdienst in See und der dabei miterlebten Verhinderung von Grenzdurchbrüchen wuchs bei Obermaat Holger K. allmählich der Entschluss, der DDR den Rücken zu kehren. Um die Verfolgungsjagden auf DDR-Flüchtlinge in See zu verhindern, plante er mehrmals, beide Hauptmaschinen durch eine präparierte Havarie kurzzeitig lahm zu legen. Seine Fluchtabsicht resultierte noch aus einem anderen Grund. Nach seinem im Herbst 1979 endenden 4-jährigen Grenzerdienst glaubte er, die Zulassung für das Physikstudium an der TH Magdeburg fest in der Tasche zu haben. Wegen „wiederholter Disziplinarverstöße" und angeblichen negativen politischen Auftretens als FDJ-Sekretär drohte man ihm im Juli 1979 mit dem Entzug der Studienzulassung. Im Rahmen eines gegen ihn geführten Parteiausschlussverfahrens (SED) folgte dann tatsächlich die Ablehnung zum Studium. Dieser Eingriff in die persönliche Lebensplanung brachte verständlicherweise bei Obermaat Holger K. das Fass zum Überlaufen. Er wartete auf eine Gelegenheit, um seine seit April 1978 geplante Flucht mit dem MSR umzusetzen. Im Zuge seiner verdeckten Planung und der konspirativ geführten Gespräche entschlossen sich zwei Maschinisten im Juli 1979 angeblich zum Mitmachen. Beiden schien dann jedoch das persönliche Risiko zu groß. Sie sprangen ab, was sie jedoch nach dem Scheitern der Fluchtaktion nicht vor einer Strafverfolgung wegen unterlassener Meldung bewahrte.

Es gelang Obermaat Holger K. tatsächlich, für seine Fahnenflucht mit dem Grenzschiff sämtliche 16 Besatzungsmitglieder durch Einsperren unter Deck zu neutralisieren. Zum Tatzeitpunkt ankerte „G 424" auf der Position 54° 10,5`Breite und 11° 28,5`Länge etwa 5,2 sm nördlich der Halbinsel Wustrow in der Lübecker Bucht. Bis zum westdeutschen Dahmenshöved betrug die Distanz 18 sm. Während seiner Nachtwache schloss er gegen 2.15 Uhr die schlafende Mannschaft, die Freiwache hatte, und beide Offiziere unter Deck ein. Dazu blockierte er sämtliche Luken an den Niedergängen. Anschließend entnahm er dem Waffenspind vom Durchsuchungskommando eine MPi-Kalaschnikow mit 30 Schuss Munition. Dann befahl der Obermaat die sechs Wachgänger auf dem

HBS und aus dem Maschinenraum einzeln zu sich. Mit vorgehaltener MPi drohte er jeden zu erschießen, der sich seinem Kommando widersetzte. Die Matrosen sahen keine Chance für eine Gegenwehr. Es gelang dem Obermaat, „seine Kameraden“ in der Abteilung 2 unter Deck zu isolieren. Nach Hieven des Ankers startete er um 2.35 Uhr beide Hauptmaschinen. Mit Höchstfahrt von 20 kn und Kurs 270° raste das MSR in der Dunkelheit auf den Holsteinischen Leuchtturm Dahmeshöved zu.

Was der Obermaat trotz gründlicher Vorbereitung nicht einkalkulierte, war der Umstand, dass sich die Besatzung zur Wehr setzen und die Entführung ihres Schiffes unter Waffeneinsatz verhindern würde. Der LI, Oberleutnant X, bemerkte in seiner Kammer den für diese Uhrzeit ungewöhnlichen Start beider Hauptmaschinen. Auch die Bordlichtanlage war außer Betrieb. Um festzustellen, was passiert ist, wollte er zum Maschinenleitstand. Diese Absicht musste er jedoch schnell aufgeben. Das Luk zu den Offizierskammern und der O-Messe ließ sich nicht mehr öffnen. Die Schiffsführung war unter Deck eingesperrt. Er informierte sofort den Kommandanten, Oberleutnant Y. Der forderte über Oberdecklautsprecher den mutmaßlichen Täter zum sofortigen Stopp des Schiffes und Aufgabe seines Vorhabens auf. Der Obermaat ignorierte diesen Befehl. Dafür setzte er die Kommandosprechanlage an Bord außer Betrieb. Damit war eine Kommunikation zwischen beiden Parteien nicht mehr möglich.

Feuergefecht an Bord, Erkenntnisse nach 25 Jahren

Trotz sorgfältiger Planung blieb dem Obermaat verborgen, dass in einer Last unter den Offizierskammern eine Kiste mit Handgranaten verstaut war. Gegen 3.10 Uhr gelang es dem Kommandanten, dem LI und dem Ari-Gast, sich den Weg zum Oberdeck des Vorschiffes durch den Einsatz von Handgranaten freizusprengen. Durch die Explosion ließen sich die verriegelten Schotten wieder öffnen. Diese für die Besatzung und das Schiff nicht ungefährliche Befreiungsaktion erforderte höchste Präzision und Vorsicht.

Beide Seiten waren offensichtlich zum Äußersten entschlossen. Es kam an Bord zum folgenschweren Feuergefecht unter Einsatz von Handfeuerwaffen und Handgranaten. In dem Moment, als es den beiden Offizieren gelang, über das aufgesprengte Vorschiffsluk das Oberdeck zu erreichen, wurden sie von Obermaat Holger K. sofort mit MPi-Salven beschossen. Die Warn- und Zielschüsse beider Offiziere aus der Dienstpistole Makarow gegen den auf der offenen Brücke liegenden und schießenden Täter blieben ohne Wirkung. Jetzt warfen der Kommandant und der LI nacheinander fünf Handgranaten in Richtung offene Brücke. Sie nutzten dabei die Deckung hinter dem Buggeschütz. Laut der Darstellung von Ch. & B. Müller in ihrem Buch „Über die Ostsee in die Freiheit“ feuerte Obermaat Holger K. mit seiner MPi zurück, zielte aber angeblich bewusst daneben. Dagegen enthält der staatsanwaltschaftliche Untersuchungsbericht den Vermerk: „Obermaat … (Klarnamen) gab mit Tötungsvorsatz aus 6-8 m Entfernung insgesamt 11 nachgewiesene gezielte Schüsse auf den Kommandanten und den LI ab, ohne diese zu treffen. Die Flugbahnen und Aufschlagspuren der Geschosse befanden sich alle im unmittelbaren Handlungsbereich der beiden Offiziere.“ Hier ist nicht der Platz, um den Wahrheitsgehalt beider Aussagen auf den juristischen Prüfstand zu stellen. Die dem Untersuchungsbericht beigefügten Fotos mit den Einschlägen der MPi-Geschosse an Oberdeck in Richtung Buggeschütz und dem vorderen Luk dokumentieren jedoch, dass Obermaat Holger K. keinesfalls in die Luft geschossen hat. Die Fotos* zeigen auch die Trefferwirkung der Handgranaten, die gegen den Obermaat eingesetzt wurden. Während der erbittert geführten Auseinandersetzung lief das MSR führungs- und steuerlos mit „AK“ auf die westdeutsche Küste zu. Zum Glück kam es zu keiner Kollision mit einem anderen Fahrzeug.

Im Raum steht die Fragestellung, welche Handlungsoptionen hatte das Brücken- und Maschinenpersonal in Konfrontation mit dem Mündungslauf der MPi? Besonders verwerflich ist der Umstand, dass Obermaat Holger K. die feuerbereite MPi gegen unbewaffnete und unbeteiligte Besatzungsangehörige richtete, ohne damit zu spaßen. Die Matrosen gaben später zu Protokoll, dass ihnen bei Widerstand die Erschießung gedroht habe.

Wie hätte der Entführer bei Gegenwehr der wachausübenden Matrosen tatsächlich reagiert? Hätte er wirklich auf „seine Kameraden“ geschossen? Das wird wohl ewig sein Geheimnis bleiben. Auch die Ausstellung lässt diese und weitere Fragen offen. Darf man als (DDR-)Regime-Gegner zur Durchsetzung seines Freiheitsempfindens andere Menschen in tödliche Gefahr bringen? Ich denke nicht!

* Siehe Fotos im Anhang.

Nachdem der Obermaat von mehreren Handgranatensplittern am Körper und linken Auge schwer verwundet worden war, gelang es der Besatzung um 3.20 Uhr, ihn auf der Brücke zu überwältigen. Der Kommandant stoppte unmittelbar vor den BRD-Territorialgewässern nördlich Dahmeshöved sein Schiff und brachte es auf Gegenkurs. Die Schiffsentführung wurde verhindert. Befürworter der FF vertreten die Ansicht, dass sich das MSR angeblich schon in westdeutschen Gewässer befand. Offizielle Stellen halten sich in dieser Frage jedoch zurück. Ein vom BGS unbemerktes Eindringen eines DDR-Marineschiffes in westdeutsche Hoheitsgewässer hätte für beide Seiten unangenehme politische Konsequenzen. Nach dem vom Kommandanten abgesetzten Funkspruch an den Stab der 6. GBK schickte das Kommando VM der GRAAL-MÜRITZ das in See stehende MSR „322" vom Typ KONDOR II zu Hilfe. Das übernahm noch auf See den verwundeten Obermaat. Am 5. August 1979 um 6.30 Uhr machte „G 424" im Stützpunkt Warnemünde/Hohe Düne fest. Anschließend begannen die staatsanwaltschaftlichen Ermittlungen über diesen in der Geschichte der DDR-Seestreitkräfte einmaligen Vorfall.

Gesundheitlich schwer gezeichnet überlebte der junge Mann im Bezirkskrankenhaus Rostock. Dort wusste man nichts von dem dramatischen Geschehen auf See. Man ließ die Mediziner in dem Glauben, dass der Marinesoldat seine Verwundungen in treuer militärischer Pflichterfüllung erlitten habe. Für die Untersuchung des Falls und die Aburteilung musste er erst wieder gesund werden. Die Konfrontation „mit den Ergebnissen der Tatortuntersuchung, den Zeugenaussagen und Gutachten" soll Obermaat Holger K. laut MfS-Darstellung zu einem „umfassenden Geständnis veranlasst" haben. Unter Ausschluss der Öffentlichkeit fand im April 1980 vor dem Militärobergericht Neubrandenburg die Hauptverhandlung statt. Als Wahlverteidiger des Angeklagten Obermaates fungierte der Vorsitzende des Rechtsanwaltskollegiums des Bezirkes Rostock. Seine lebenslängliche Haft verbüßte Holger K. bis zu seiner Freilassung am 19. Dezember 1989 aus dem Gefängnis Bautzen in völliger Isolation.

Privatkrieg gefährdete Sicherheitslage

Bei der Bewertung des Vorfalls ist zu beachten, dass die Fahnenflucht von Obermaat Holger K. mit Entführung des MSR in die BRD die Sicherheitslage des Warschauer Vertrages ernsthaft gefährdete. Der Schiffsverlust an den NATO-Gegner hätte für die drei verbündeten Ostseeflotten des Warschauer Vertrages gravierende militärische Konsequenzen gehabt. An Bord des MSR befand sich die geheime funkelektronische Anlage „Sirena" mit den dazu gehörenden GVS-Verschlüsselungssystemen zur Spezialnachrichtenverbindung auf See. Dieses geheime und verschlüsselte funkelektronische System für die gedeckte Nachrichtenübermittlung benutzten die BRF, die PSKF und die VM. Die mit dem Verlust verbundene Enttarnung der „Sirena-Anlage" und der an Bord installierten geheimen „Freund-Feind-Kennanlage" hätte damals u. a. eine gedeckte Truppenführung der in See operierenden Fahrzeuge des Warschauer Vertrages unmöglich gemacht. Man hätte dann sofort und überall sämtliche Verschlüsselungssysteme austauschen müssen. Die Kenntnis des Gegners über ebenfalls geheime Anlagenteile für das Minenräumen in der VM hätte die NATO zur Veränderung ihrer Minensysteme veranlasst. Damit wäre die Wirksamkeit der Sperrbewaffnung auf allen Schiffen der VM erheblich eingeschränkt bzw. unbrauchbar geworden.

Es ist heute schwer nachzuvollziehen, ob sich Holger K. dieser 1979 bestehenden militär-politischen Konstellation bewusst war oder nicht. Der tragische Ausgang seiner Flucht wiegt schwer, das erlebte Martyrium zehn Jahre danach noch schwerer. Das ihm dann in den 90er Jahren zugeschriebene und in der erwähnten Ausstellung öffentlich dokumentierte „Heldentum" lässt jedoch die Aspekte der ursächlichen Gewaltanwendung und Systemkonfrontation außer Acht. Es konnte kein Marineangehöriger, weder im Osten noch im Westen, seinen „Privatkrieg" auf See führen.

In Auswertung des Ereignisses erließ der Chef VM, Admiral Wilhelm Ehm, 1979 für alle Schiffe der VM und 6. GBK einige Festlegungen. Künftig hatten zum Vorposteneinsatz auf See zwei seemännische Offiziere an Bord anwesend zu sein. Die Brücke, der HGS, war in See ständig durch einen Offizier zu besetzen. Die von Obermaat Holger K. auf dem MSR genutzten Ösen zum Verschließen der Luken an den Niedergängen waren auf allen typgleichen Schiffen zu entfernen. Der Einbau einer Sicherung am Luk zu den Offiziersunterkünften und O-Messe sollte künftig das Einsperren von Besatzungsangehörigen verhindern. Diese Vorsichtsmaßnahme zeigt aber auch, dass man sich vor Nachahmern oder Wiederholungstätern nicht sicher war.

4.8. Fahnenfluchtgespräch mit Folgen auf TS-Boot „832“

Unter den Decknamen „Bollmann“ bearbeitete das MfS Mitte März 1982 eine angeblich auf dem TS-Boot „832“ BRUNO KÜHN der 3. TS-Bootsabteilung besprochene Entführung des Schiffes ins westliche Ausland. Den Anlass für diese Untersuchung in der 6. Flottille in Dranske lieferte ein drei Monate zurückliegendes Gespräch an Bord des Schiffes unter Wortführung eines Stabsmatrosen, der an Bord als Pumpengast fungierte. Im Dezember 1981 versammelten sich hinter verschlossenen Vorreibern des Schotts zum Sechsmanndeck sieben Matrosen, um Varianten der Inbesitznahme des TS-Bootes für eine Fahnenflucht zu besprechen. Neben dem Pumpengast nahmen daran zwei Motorengasten, der Funkmessgast, der Torpedogast, der Signalgast und der Funkgast teil. Unter diesen Marinesoldaten befanden sich die IMs „Andreas Kopien“ und „Rainer Timm“. Ihre Gesprächsbeteiligung und Einbeziehung in die FF-Aktion ist schon sehr mysteriös und wirft gleich mehrere Fragen auf. Gab es unter den IMs unsichere Kantonisten? Suchten einige IMs selbst nach Fluchtmöglichkeiten in den Westen? Weshalb meldete keiner der beiden IMs das Gespräch dem MfS? Weshalb hatte der LI, der zugleich ranghöchste Spürnase des MfS an Bord war, keinerlei Kenntnis von der geplanten Aktion auf seinem Boot?

Per Zufall erhielt das MfS am 10. März 1982 Kenntnis von dem immerhin schon 12 Wochen zurückliegenden Gespräch. Im Heimaturlaub erzählte ein Crewmitglied seinem Vater in einer Gaststätte von der besprochenen „Kaperung des Schiffes“. Vater und Sohn konnten nicht ahnen, dass ein MfS-Mann, der zufällig in der Nähe ihres Biertisches saß, scheinbar teilnahmslos mithörte. Alles Weitere nahm dann seinen gewohnten Dienstverlauf. Das MfS war alarmiert. Erst auf Nachfrage informierte IM „Andreas Kopien“ seine Auftraggeber über das Gespräch zur geplanten Bootsentführung. Dieser IM gehörte zu den „Bolzendrehern“ an Bord. Er galt als labil und politisch unzuverlässig. Durch seine „Leck mich am Arsch“-Stimmung trat er im Dienst häufig negativ in Erscheinung. Jetzt mobilisierte das MfS auf „832“ ihren IM „Michael Krause“. Er hatte den Auftrag, die Zuverlässigkeit der beiden anderen IMs“ konspirativ zu prüfen. Das MfS war um eine rasche Aufklärung des „Falls“ bemüht, denn ab 20. März sollte das TS-Boot an einer taktischen Übung des Vereinten Oberkommandos des Warschauer Vertrages teilnehmen.

Nach der Erstinformation des IM „Andreas Kopien“ plante seine Entführungscrew an einem Wochenende zu nächtlicher Stunde per Kaltstart (kein Warmlaufen der Antriebsmaschinen) und gekappten Vor- und Achterleinen mit hoher Fahrtstufe aus dem Stützpunkt Bug/Dranske abzulaufen. Als Alternative erwogen die Männer, während einer Einzelbootsfahrt zur Aufklärung oder Begleitung von NATO-Fahrzeugen das gegnerische Schiff anzusteuern, um dann überzulaufen. Die Offiziere sollten liquidiert werden. Als begünstigende Umstände für ein derartiges Gespräch wertete das MfS die äußerst miese Stimmung an Bord. Danach sollen erhebliche Differenzen zwischen der Besatzung und den Bordoffizieren bestanden haben.

Derart aufgeschreckt von dem Gespräch, aber noch ohne genaue Kenntnis der aktuellen Lage an Bord von „832“, befahl das MfS den Kommandeuren des Brigadestabes und der Abteilungsführung:

- keinen See-Einsatz für das TS-Boot,
- allgemeine Urlaubssperre,
- zusätzliche Sicherungsmaßnahmen von Waffen und Munition,
- Prüfung der Abversetzung der Matrosen, die am Gespräch teilgenommen hatten.

Weiterhin beabsichtigte das MfS, drei IMs aus der mutmaßlichen Entführungscrew zu gewinnen. Darunter befand sich u. a. der Pumpengast, der als Rädelsführer angesehen wurde. Der Stabsmatrose erhielt den Tarnnamen „IM Bollmann“.

Das MfS suchte intensiv nach Informationen, um allen Beteiligten und besonders dem Anführer eine Straftat nachweisen zu können, was jedoch nicht gelang. Alle sieben Marinesoldaten kamen in Untersuchungshaft zur Rostocker Bezirksverwaltung des MfS. Im Verlauf der Verhöre kamen weitere Einzelheiten ans Tageslicht. Zwei Matrosen wollten den Waffenspind im Offiziersdeck aufbrechen und die Crew während der Fahrt in See bewaffnen. Da man mit massiver Gegenwehr der Offiziere auf der Brücke und im Maschinenleitstand rechnete, sollten diese angeblich erschossen werden. Das gleiche Schicksaal war jenen Matrosen zugedacht, die nicht mitmachen wollten. Einschränkend ist zu berücksichtigen, dass dazu jedoch die betreffenden Aussagen der Beschuldigten in den Akten fehlen.

TS-Boot Typ 206

Sensationell wie utopisch ist die angebliche Absicht der Entführungscrew, das TS-Boot auf See oder in einem dänischen bzw. schwedischen Hafen der NATO per Kaufvertrag übergeben zu wollen. Mit dem Verkauf ihres Schiffes glaubten die Männer, sich das nötige Startkapital für ein besseres Leben im Westen beschaffen zu können. Die Sinnhaftigkeit dieses Planes darf wegen der damit verbundenen politischen Folgen bezweifelt werden. Der Westen hätte niemals einem solchen Kauf zugestimmt.

Erst am 26. März 1982 informierte das MfS die militärische Führung der 6. Flottille über Einzelheiten zur angeblich geplanten FF-Aktion mit Schiffsentführung. Die hätte offensichtlich nie stattgefunden. Denn trotz intensiver Verhöre konnte allen Beteiligten nach dem bereits 3 Monate zurückliegenden Gespräch „kein Tatentschluss" nachgewiesen werden. Die angebliche Entführungsaktion zerbröselte im mecklenburgischen Ostseesand. Vielleicht wurde das eingangs erwähnte Gespräch im „Fall Bollmann" von den IMs aufgebauscht oder an den Haaren herbeigezogen. Im Ergebnis der Untersuchung rekrutierte das MfS weitere IMs. Die sieben Matrosen auf dem TS-Boot wurden vom Chef der 6. Flottille mit je zehn Tagen Arrest bestraft. Nach Verbüßung ihrer Disziplinarstrafe wurden sie in andere Einheiten versetzt. Der Vorgang war damit abgeschlossen.

4.9. VM stellt Grenzer-Schlauchboot mit Fahnenflüchtigen in freier See

In den Morgenstunden des 28. August 1984 stellt ein MSR der VM vom Typ KONDOR II in freier See, in etwa acht Seemeilen Entfernung zur DDR-Küste Darßer Ort, ein Schlauchboot mit zwei fahnenflüchtigen Matrosen. Seit sechs Stunden paddelten ein Stabs- und ein Obermatrose der 6. Technischen Beobachtungskompanie der 6. GBK bei ruhiger See in Richtung Nord zur dänischen Küste Gedser.

Beide hatten ihre Republikflucht seit Monaten geplant und warteten nur auf eine günstige Gelegenheit. Um ihr Vorhaben realisieren zu können, benötigten sie ein Schlauchboot. Sie beobachteten, dass in den Sommermonaten regelmäßig an das nahe gelegene Freizeitzentrum Schlauchboote ausgeliehen wurden. Am 24. August brachte ein Stabsfähnrich ein Schlauchboot mit Paddeln zurück zur Kompanie. Trotz der Dienstanweisung, die Luft nach jeder Benutzung abzulassen, lagerte es aufgeblasen und seeklar in der Nähe des Kompaniegebäudes. Beide Matrosen fassten den Entschluss, dieses Boot zur Tatausführung zu nutzen. Als problematisch erkannten sie den Transport des großen Schlauchbootes quer durch das Objekt bis zum Strand. Doch dieses Problem löste sich am 27. August überraschend von selbst. An diesem Tag beobachteten beide Matrosen die Schlauchbootanlandung des für sie gefährlichsten Mannes in der VM, des MfS-Chefs Oberst Knothe. Er unternahm mit seinem Sohn eine Angeltour in See. Entgegen der Dienstanweisung unterließ er es, die Luft aus dem Schlauchboot abzulassen. Wie sich später herausstellte, waren die Metallventile witterungsbedingt sehr stark korrodiert. Sie ließen sich nicht mehr von Hand herausschrauben. Man benötigte dazu einen Spezialschlüssel. Dazu hätten die Schlauchbootbenutzer jedoch zum Kompaniegebäude laufen müssen. Das schien dem Oberst offensichtlich zu mühselig. Nach der Paddeltour ließ er das Marineschlauchboot gegen 16 Uhr seeklar samt Paddel am Strand des militärischen Sperrbezirks liegen. Welche fatalen Folgen das in den nächsten Stunden haben würde, ahnte er zu diesem Zeitpunkt noch nicht.

Für beide Matrosen kam diese Unterlassung einer Einladung zu ihrer geplanten Fahnenflucht gleich. Ihnen war bewusst, dass sich eine bessere Gelegenheit so schnell nicht wieder bieten würde. Das Boot lag startklar am Strand. Jetzt entfiel der auffällige Transport des ursprünglich ins

Auge gefassten Schlauchbootes zum Strand. Das Vorhaben musste also in der kommenden Nacht über die Bühne gehen. Gegen 20 Uhr setzte Stabsmatrose X die Scheinwerferbeleuchtung außer Betrieb. Er riss das E-Kabel aus der Lötstelle des Steckers. Der Ausfall des Scheinwerfers wurde erst um 22 Uhr bemerkt. Warum der plötzlich defekt war, dafür interessierte sich zu dieser Abendstunde keiner. Gegen 23.20 Uhr meldeten sich beide Matrosen beim Wachleiter ab, was keine weiteren Nachfragen auslöste. Da beide Matrosen Wachdienst hatten, brauchten sie sich keine MPi für die Flucht beschaffen. Die Waffe hatten sie schon und 60 Schuss Munition gleich dazu. Unbemerkt von ihren Kameraden legten beide Matrosen im Schutz der Dunkelheit gegen 23.30 Uhr vom Darßer Ostseestrand ab. Mit dem Ziel Gedser paddelten sie quer über die Ostsee in Richtung dänische Küste. Dabei legten sie sich mächtig in die Riemen.

Die nicht einkalkulierte frühe Rückkehr von zwei Urlaubern kurz nach Mitternacht sollte den beiden Ausreißern jedoch zum Verhängnis werden. Die Urlauber wollten in die Dienststelle, die jedoch verschlossen und unbewacht war. Trotz ihrer Rufe kam keiner, um endlich das Eingangstor aufzuschließen. Erst durch deren lautstarkes Gebrüll wurde der Wachleiter aufmerksam. Der Obermaat suchte vergeblich seine beiden Wachposten. Eine Vollzähligkeitskontrolle ergab, dass Stabsmatrose X und Obermatrose Y nicht anwesend waren. Bald darauf wurde auch das Fehlen des Schlauchbootes am Strand bemerkt. Damit stand fest, dass beide Marinegrenzer offensichtlich geflohen waren, denn wer unternimmt schon in der Nacht eine Paddeltour auf der Ostsee. Die optische Suche per Fernglas im Morgenrauen blieb auch ohne Ergebnis. Es war weit und breit kein Schlauchboot in See zu sehen. Zu diesem Zeitpunkt paddelten die beiden Flüchtigen bereits weit außerhalb der DDR-Territorialgewässer. Sie glaubten sich schon bald im Westen. Kein Verfolger, BGS oder sonstiges Fahrzeug war in Sicht.

Ihre Rechnung ging jedoch nicht auf. Die 6. GBK bat die VM bei der Suche des Schlauchbootes mit den zwei Marinegrenzern um Hilfe. Bald darauf sichtete ein MSR im internationalen Fahrwasser, der Kadetrinne, die um ihr Leben paddelnden beiden Matrosen. Gegen das MSR hatten sie keine Chance. Zum Glück machten sie nicht von der mitgeführten Schusswaffe Gebrauch. Sie ließen sich, ohne Widerstand zu leisten, aufbringen und festnehmen, was ihr Strafmaß zumindest etwas milderte.

Als MfS-Minister Mielke in Berlin von der Aktion an der Küste erfuhr, geriet er wegen der groben Dienstverletzung seines treuen Weggefährten in Wut. Knothe musste daraufhin seinen Hut nehmen. Die Sache wird als „streng geheim“ eingestuft. Trotzdem spricht sich schon bald in der VM die „Hilfe des MfS“ bei der Fahnenflucht von zwei Matrosen herum. Kopfschütteln und Grinsen gehören zu den harmlosesten Reaktionen auf dieses einmalige Ereignis.

4.10. Fahnenflucht als „blinder Passagier“ – auf dem Fährschiff von Saßnitz nach Trelleborg in die BRD und wieder zurück in die DDR

1988/89 ähnelte der Saßnitzer Fährhafen einer Baustelle. Saßnitz und der damalige Bezirk Rostock befanden sich in Vorbereitung auf das 80-jährige Betriebsjubiläum der am 6. Juli 1909 von Kaiser Wilhelm II. und König Gustav V. eröffneten Verbindung im Eisenbahnfährverkehr zwischen Deutschland und Schweden über die Ostsee. Neben dem Fischereihafen diente der südliche Teil des Hafens als Ausweichbasis für die Schnellbootskräfte der 6. Flottille in Dranske und als Anlaufpunkt für Marineschiffe der BRF.

19 Monate vor dem Fall der Berliner Mauer gelang hier zwei Matrosen des Wachzuges vom Marinestützpunkt Saßnitz still und heimlich die spektakuläre Fahnenflucht mit dem Fährschiff TRELLEBORG nach Schweden und von dort in die BRD.

Die Einberufung der beiden jungen Männer im Alter von 24 und 26 Jahren zur Ableistung des Wehrdienstes lag erst vier Monate zurück. Unbemerkt von den Sicherungskräften der Grenzübergangsstelle (Güst) und des Fährhafens nutzten beide Marinesoldaten um Mitternacht des 4. März 1988 die Fluchtgelegenheit über die Zufahrt des Gleisdecks, um auf das Fährschiff zu gelangen. Was die beiden Männer während ihres nächtlichen Coups sicherlich nicht vermuteten, war der Umstand, dass ihr BRD-Trip nur 24 bzw. 33 Tage dauern würde. Denn unter der Regie des MfS-Marinechefs gelang es, beide Marinesoldaten wieder wohlbehalten in die DDR „zurückzuführen.“

Dieser in den BStU-Akten recherchierte einmalige Vorgang klingt fast unglaublich, ist aber wahr. Er spiegelt politische Zeitgeschichte am

Ende des Kalten Krieges mit einem Hauch teuflischer Diplomatie der Geheimdienste im Auftrag der Politik wider. Nach dem überraschenden Einlaufen des Grenzbootes DELPHIN in Travemünde im August 1961 ist diese Fahnenflucht ein weiteres quellenmäßig belegtes Beispiel für eine erfolgreiche Flucht von Marineangehörigen (VM) über die Ostsee. Das Besondere dieser Aktion im Jahre 1988 liegt in der Gewaltfreiheit der Republikflucht. Weder die flüchtigen Marinesoldaten noch unbeteiligte Personen kamen zu Schaden.

Schnapsidee: mit Fährschiff TRELLEBORG in den Westen

Ihren Anfang nahm die Story in der Saßnitzer Kneipe „Zur Mole", welche sich unweit des Hafens befindet. Nach ein paar Bierchen im Kreise von vier Marinekameraden kam man gegen 22 Uhr auf die Schnapsidee, den Rückweg zum Stützpunkt mit einer Barkassenfahrt quer durch den Hafen abzukürzen. Der normale Fußmarsch durch die Stadt schien den Seelords offensichtlich zu beschwerlich. Die zivile Betriebswache vom VEB Fischfang Saßnitz ließ die lustigen blauen Jungs gewöhnlich routinemäßig am Werkstor passieren. Gegen 22.15 Uhr erreichten sie das im Fischereihafen liegende Wohnschiff der 6. Flottille. Sie forderten den Wachposten auf, das Wohnschiff betreten zu dürfen, um eine Barkasse zur Überfahrt zum Stützpunkt zu bestellen. Der Wachposten verwehrte den vier Landgängern den Zutritt zum Wohnschiff und lehnte das Ansinnen für einen nächtlichen Barkasseneinsatz kategorisch ab. Anschließend entfernten sich die Landgänger in Richtung Betriebswache. Nach etwa 50 Metern des gemeinsamen Weges im Hafengelände trennten sich die Matrosen X und Y von ihren angetrunkenen Kameraden. Die bekamen wegen ihres Alkoholpegels die spontane Kursänderung der beiden Matrosen gar nicht mit. Maat Z hatte damit zu tun, seinen stark angetrunkenen Kameraden aufrecht zu halten. Irgendwie erreichte das Duo um Mitternacht den Stützpunkt. Verständlich ist, dass sie in dem Zustand nicht wussten, wo die beiden anderen Matrosen abgeblieben waren.

Ob deren nächtliche Fluchtidee nach Schweden tatsächlich allein der Wirkung des Alkohols zuzuschreiben war, lässt sich nach der Aktenlage schwer beurteilen. Jedenfalls bewegten sie sich recht auffällig in den Gleisanlagen des Güterbodens der Deutschen Reichsbahn. Nach der MfS-Darstellung soll der Fahrdienstleiter der DR vom Stellwerk 2 gegen 23.30 Uhr beobachtet haben, wie sich zwei Marineangehörige in torkelnder Weise zwischen den Gleisanlagen 7 und 8 bewegten. Wegen der auf 20 Meter eingeschränkten Sicht konnte der Eisenbahner den Weg der blauen Jungs nicht weiter verfolgen. Er informierte die Transportpolizei. Die nahm die Suche nach den Uniformierten zu einem Zeitpunkt auf, als sich beide Matrosen längst an Bord der Fähre befanden. Da den Polizisten nichts Verdächtiges auffiel, sahen sie keine Veranlassung, die erfolglose Suche weiterzumelden. Erst auf der Morgenmusterung des 5. März wurde das Fehlen der beiden Matrosen festgestellt. Als die Fahndung nach ihnen anlief, genossen die beiden Mariner nach Registrierung der schwedischen Behörden bereits ihre erste Mahlzeit im westlichen Ausland. Im Ergebnis intensiver Suche im Fährhafen Saßnitz mit dem Einsatz von Fährtenhunden fand man auf der Spitze der Außenpier die Bändermütze eines Matrosen. Sie lag am Ende des Begrenzungszauns zum Fährbett 1 im Hafen. Sollten etwa beide Matrosen ins Wasser gefallen und dann ertrunken sein? In den Ermittlungen konnte deshalb ein Unfall nicht ausgeschlossen werden.

Bei der Ausreiseabfertigung am 7. März in der Güst Hirschberg erzählte ein österreichischer Lkw-Fahrer ganz nebenbei, dass er am Vortage gegen 5 Uhr zwei Angehörige der DDR-Marine in Begleitung von schwedischer Polizei in Trelleborg gesehen habe. Er fand das recht komisch, maß der Sache aber keine weitere Bedeutung bei. Das sahen die DDR-Behörden ganz anders. Sie leiteten umgehend offizielle und inoffizielle Maßnahmen ein, um diese Information zu überprüfen. Sie erhielten zunächst keine Bestätigung zum Aufenthalt von zwei VM-Angehörigen in Schweden. Eine entsprechende Anfrage verneinte die schwedische Seite. Was ja auch stimmte, denn die beiden vermissten DDR-Mariner befanden sich da schon in der BRD. Vermutlich entsprachen die schwedischen Behörden dem Wunsch beider Bürger um sofortige Weiterreise in die BRD. Am 9. März gab es dann aber keine Zweifel mehr. Westdeutsche Tageszeitungen berichteten exklusiv über die erfolgreiche und friedlich verlaufende Fahnenflucht von zwei Angehörigen der DDR-Marine in den Westen.

Rückholaktion unter MfS-Regie

Jetzt setzte im Mielke-Ministerium hektische Betriebsamkeit ein. Die „HA I/Äußere Abwehr" leitete Maßnahmen zur Rückführung der „Ausreißer" ein. Dabei wurden auch die Ehefrauen und Familienangehörigen der beiden verheirateten Matrosen einbezogen. Der Darstellung des MfS zufolge sollen die Ehefrauen und Eltern ein Interesse an der Rückkehr ihrer Männer bzw. Söhne gehabt haben, was verständlich erscheint. Nur wie sollte das ohne Konsequenzen für die beiden Männer über die Bühne gehen?

Beide Matrosen entstammten Familienverhältnissen, die für die DDR-Führung politische Brisanz besaßen. Der in Rostock beheimatete Matrose X, von Beruf Elektromonteur, war mit einer Leistungssportlerin des SC Empor Rostock verheiratet. Als Auswahlkader gehörte sie der DDR-Handballnationalmannschaft an. Matrose Y, der zuvor ebenfalls als Elektromonteur arbeitete, entstammte einer kirchlich gebundenen Familie. Ein Elternteil war in einer evangelischen Stiftung in Greifswald beschäftigt. Die Familie stand zudem in verwandtschaftlicher Beziehung zu einem Repräsentanten der evangelischen Kirche.

Laut den Akten verfolgte das MfS mit der Rückführungsaktion das Ziel: „Erhalt der Ehefrau des Matrosen X als Kader für die DDR-Handballnationalmannschaft" sowie „Schaffung von Voraussetzungen zur weiteren Stabilisierung des Verhältnisses der Staatsorgane zu dem Landesbischof der evangelisch Kirche". Damit wurde aus einer Privatangelegenheit von zwei Familien in Rostock und Greifswald eine Staatsangelegenheit, in die mehrere Personen mit unterschiedlicher Interessenlage einbezogen wurden.

Ohne die Einflussnahme des Rostocker MfS-Marinechefs auf die Rückführungsaktion und seine beharrlichen Forderungen zur Aufhebung des Haftbefehls, Einstellung des Ermittlungsverfahrens und der Garantie für anschließende Straffreiheit beider Matrosen wäre das einmalige und beispiellose „Unternehmen" nie zustande gekommen. Nach einigem Zögern kam dann von höchster Stelle aus Berlin das OK, einschließlich dem Einverständnis zu den geforderten Bedingungen. So etwas gab es noch nie, dass ein Geheimdienst- und Militärjustizapparat (DDR) von seinen Handlungsmechanismen der Verfolgung von flüchtigen NVA-Angehörigen abrückte. All das ist sehr außergewöhnlich und trägt nicht Mielkes Handschrift.

Bereits am 11. März legte Kapitän zur See Priewe dem Stellvertretenden MfS-Minister, Generaloberst Neiber, einen 6-seitigen Bericht über die Fahnenflucht und geplante Rückholaktion vor. Zwei Tage später lag der detaillierte Vorgangsbericht des Leiters der MfS-HA I, Generalmajor Dietze, vor. Nach dieser Darstellung gelang es beiden Matrosen, von den Sicherungskräften unbemerkt auf das Fährschiff TRELLEBORG aufzusteigen. Am 5. März stellten sie sich in Malmö der Polizei. Am folgenden Tag waren sie bereits in Travemünde. Hier führte der BGS die Erstbefragung durch. Dabei sollen beide Matrosen angeblich Auskünfte über Struktur, Stärke und Aufgaben des Stützpunktes Saßnitz und über die dort stationierten Schiffe der VM und der BRF gegeben haben. Ob einfache Matrosen des Wachzuges nach vier Monaten NVA-Dienst tatsächlich über solche Detailkenntnisse verfügten, darf bezweifelt werden. Gewöhnlich schruppten die Wachsoldaten ihren häufig eintönigen Dienst einfach ab.

Im Zuge des Aufnahmeverfahrens kamen beide Männer in das zentrale Aufnahmelager in Gießen. Dort blieben sie aber nur einige Tage. Schon ab dem 12. März lief ihre Eingliederung in Flensburg. In der 3. Märzwoche reisten beide Mütter in die BRD, um ihre Söhne zur Rückkehr zu bewegen, was zunächst erfolglos blieb. Eine Mutter erkrankte und konnte deshalb nicht zurück reisen. Unter Einschaltung eines der Kirche nahestehenden Verwandten reiste Matrose Y am 28. März in Begleitung eines Pfarrers über Selmsdorf wieder in die DDR ein. Offensichtlich muss diese Aktion Matrose X dermaßen beeindruckt haben, dass er am 29. März ohne weitere behördlichen Absprachen versuchte, allein über den Kontrollpunkt Büchen in die DDR zurückzukehren. Dort wurde er aber angeblich vom ahnungslosen BGS abgewiesen. Schließlich gelang es einem Verwandten, den Rostocker am 7. April über die Güst Herrnburg in die DDR zu bringen. Laut dem Sprachgebrauch des MfS soll „die Wiedereingliederung in die bisherigen Wohnorte“ der beiden jungen Männer bis zum 16. April stattgefunden haben.

Einen Vorteil hatte die Sache für die beiden jungen Männer aber doch. Ihr Wehrdienst verkürzte sich von 18 auf 4 Monate. Ihrem einmaligen, geradezu sensationellen Coup folgte die sofortige Entlassung aus der NVA. Wegen höherer politischer Interessen ging ihr Husarenstreich noch einmal glimpflich aus.

Von der erfolgreichen Rückführung der beiden NVA-Soldaten wurde der Minister für Nationale Verteidigung, Armeegeneral Heinz Kessler, in Kenntnis gesetzt. Für das MfS war die gelungene Fahnenflucht mit dem Fährschiff eine große Schlappe. Immerhin gelang zwei einfachen Matrosen die Republikflucht unter Ausnutzung von eklatanten Lücken im Kontroll- und Sicherungssystem des Fährhafens Saßnitz, wobei der dichte Nebel ihre Aktion begünstigt haben dürfte.

Nach Einschätzung des MfS offenbarte die Flucht „begünstigende Bedingungen sowie Unzulänglichkeiten bei den zuständigen operativen Diensteinheiten und Partnern sowie deren Zusammenwirken im Hafen Saßnitz. Es sind Veränderungen im Zusammenwirken von 6. GBK, VM, Transportpolizei und den Sicherungskräften sowie im technischen Zustand der Außenbegrenzungsanlagen der Güst umgehend herbeizuführen."

Nach 20 Monaten erübrigten sich all diese nach innen gerichteten Sicherungsmaßnahmen in Saßnitz. Außer dem still gelegten Fähranleger erinnert heute nichts mehr an das ehemals eingezäunte Sperrgebiet mit dem für DDR-Bürger verbotenen Zugang in eine freie westliche Welt.

4.11. Korvettenkapitän flüchtet mit Lokomotive in den Westen

Ein Marinekamerad aus Trappenkamp in Schleswig-Holstein, der von meinen Fahnenflucht-Recherchen innerhalb der VM Kenntnis hatte, überraschte mich eines Tages mit dem Büchlein „Zu Befehl Genosse Unterleutnant" vom Seewald Verlag Stuttgart. Dieses 1971 erschienene Buch enthält einen interessanten Aufsatz eines 1969 in die BRD geflohenen Korvettenkapitäns der VM über den „Stabsdienst bei der Flottille". Beim Lesen des facettenreich beschriebenen VM-Alltages, des Dienstes an Bord und in den sicherstellenden Einheiten der Rückwärtigen Dienste wird für Insider erkennbar, dass die Schilderungen der 4. Flottille in Warnemünde/Hohe Düne zuzuordnen sind. Mir kommt in dem Beitrag vieles bekannt vor, die flottilleneigenen Dienstepisoden, Gepflogenheiten in der Ausbildung, Verpflichtungs- und Wettbewerbsbewegung sowie die Eigenheiten in den Flottillenübungen.

Ich wusste 1972 nicht, dass meine Offizierslaufbahn dort begann, wo sich drei Jahre zuvor der Korvettenkapitän Ernst Funk* überraschend verabschiedete. Nach einem Telefonat und beim Lesen des „BZ"-Artikels vom 14. August 1969 wird mir klar, welcher Marineoffizier damals mit einer Lokomotive auf der Abraumhalde über die grüne Grenze in den Westen flüchtete. Bei dem Fahnenflüchtigen handelte es sich um den Leiter der „Unterabteilung Nachrichten und technische Mittel im Stellvertreterbereich für Technik und Bewaffnung" der Rückwärtigen Dienste in der 4. Flottille. Das ist schon ein „dicker Hund". So etwas gab es noch nie und sollte sich auch nicht wiederholen. Bisher glaubte ich, die irgendwann schon mal gehörte Story sei Seemannslatein. Ort der Handlung war nicht die Ostsee, sondern das Grenzterrain des Braunkohlentagebaus Harbke, nahe dem Grenzübergang Marienborn-Helmstedt. Hier arbeitete der Bruder von Korvettenkapitän Funk Klaus F.* als Diplom-Ingenieur. Er kannte die örtlichen Verhältnisse an der Grenze sehr genau. Minen und Mauer existierten damals in dieser schlammigen Einöde noch nicht. Seit Jahren wurde in Harbke Boden aus dem Abraum des Kohleflözes direkt an der innerdeutschen Grenze verkippt. Auf einer betriebseigenen Bahnstrecke fuhr man das Abraummaterial auf Halde.

* Name erfunden.

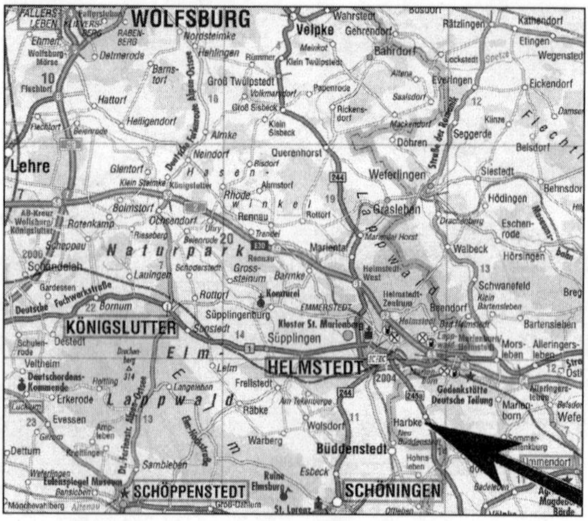

Grenzdurchbruch bei Harbke

Vom Matrosen der VP-See zum Korvettenkapitän und „Deserteur"

Im 17. Dienstjahr flüchtete der Rostocker Korvettenkapitän Ernst Funk gemeinsam mit seiner Ehefrau und den drei Kindern sowie der Familie seines Bruders Klaus, insgesamt neun Personen, in die BRD. Als 18-jähriger meldete sich der aus Sachsen-Anhalt stammende Ernst Funk im September 1952 bei der VP-See, dem Vorläufer der DDR-Seestreitkräfte. Im Rahmen des Wilhelm-Pieck-Aufgebotes der von Erich Honecker geführten FDJ meldeten sich in jener Zeit viele Jugendliche für den Dienst in der KVP, so u. a. auch in die VP-See. Ihre Motive für diesen Schritt waren sehr unterschiedlich. Neben der Bereitschaft zur Verteidigung der Heimat (DDR) und dem Wunsch nach einem gesicherten Einkommen war die Entscheidungsfindung für den Marinedienst auch von Seefahrerromantik und Abenteuerlust geprägt. Ende 1952 betrug der Personalbestand der VP-See bereits 6.774 Mann. Darunter befanden sich 633 Offiziere und 722 Unteroffiziere. Unter der Dienstflagge Schwarz-Rot-Gold fuhren 48 Marine- und Hilfsschiffe zur See. Ein geheimer Planvorschlag für die getarnte Marinerüstung im Zeitraum 1952 bis 1955 sah u. a. den Bau und die Indienststellung von 254 Schiffen vor. Darunter befanden sich 203 Kampfschiffe und 14 Uboote. Der 17. Juni 1953 offenbarte jedoch den gewaltigen Spagat zwischen politischem und rüstungsmäßigem Wollen in Relation zu den wirtschaftlichen Möglichkeiten der DDR. Das von der Sowjetunion initiierte gigantische Rüstungsprojekt scheiterte. Der als Volkspolizei getarnte Aufbau der DDR-Seestreitkräfte ging jedoch weiter.

Nach einem „Schnupperjahr" entschied sich Matrose Funk für die Offizierslaufbahn. Von 1953 bis 1955 absolvierte er die Nachrichtenoffiziersschule in Saßnitz-Dwasieden. Später qualifizierte er sich zum Diplom-Ingenieur. Sein geradlinig verlaufender Entwicklungsweg in der Marine bis zum Korvettenkapitän 1965 war eng verbunden mit dem Aufbau der DDR-Seestreitkräfte und der VM. Er kennt sich in den Flottillenstäben, Marine-Stützpunkten und Dienststellen sowie der 6. GBK und im Kommando VM bestens aus. Laut dem nach seiner Flucht verfassten Militärgutachten verfügt er über gute Kenntnisse über die „gesamten nachrichten- und funktechnischen Mitteln in der VM", einschließlich dessen Personal, sowie über die „funkelektronische Ausrüstung aller Schiffe und Boote der VM". Besonders brisant ist nach Auffassung des Militärgutachters sein Wissen über die „Freund-Feind-Kennanlage" auf den Marineschiffen sowie über die geheime funkelektronische Ausrüstung und Mittel der Spezialpropaganda des Aufklärungsschiffes HYDROGRAPH. Dieses sogenannte Vermessungsschiff diente der funkelektronischen Aufklärung von gegnerischen See- und Luftstreitkräften in der Ostsee. Es war in der 4. Flottille stationiert.

Welche Bedeutung die Marineführung der Fahnenflucht des Korvettenkapitäns beimaß, spiegelt sich in der zig Seiten umfassenden Aufzählung über geheim zu haltende Kenntnisse sowie die möglichen Folgen bei Verrat an den NATO-Gegner wider, die sich in der BStU-Akte befindet.

Als in den Morgenstunden des 13. August 1969 die Flucht des Korvettenkapitäns bekannt wurde, schrillen in der Marineführung, beim MfS und beim Militärstaatsanwalt die Alarmglocken. Die Überraschung ist groß, die Aufregung verständlich. Die andere Seite, der Westen, frohlockt. Deren Zeitungen überschlagen sich mit Meldungen über die sensationelle „Flucht eines Korvettenkapitäns mit einer Lokomotive in den Westen". Der Marineoffizier wird so 1969/1970 zum Helden im Kalten Krieg und deutscher Spaltung. Der Rückwärtige Dienst der 4. Flottille kann einen Offizier aus der Personalliste streichen. MfS und Militärstaatsanwaltschaft setzen dagegen den Korvettenkapitän auf ihre Ermittlungs- und Fahndungsliste. Die HA I des MfS in der VM eröffnet die Akte „Operativvorgang Desserteur", inklusive Rechtschreibfehler. Einen so ranghohen VM-Deserteur gab es wohl noch nicht. Marineintern erhält der brisante Fall den Tarnnamen „Leuchtturm". Details über die Republikflucht im Tagebau Harbke untersucht das MfS der Dienststelle Oschersleben. Sie führt den Vorgang unter der Code-Bezeichnung „Abraum".

Die Stimmung in der VM ist an diesem denkwürdigen Tag, dem 8. Jahrestag des Baus der Berliner Mauer, durch das Vorkommnis getrübt. Für einige Offiziere beginnt der Dienst recht ungewöhnlich. Der Chef VM, Vizeadmiral Wilhelm Ehm, setzt sofort eine Untersuchungskommission ein. Unter Leitung des Stellvertreters des Chefs VM für Rückwärtige Dienste bemühen sich sechs Stabsoffiziere um Aufklärung des einzigartigen Falls. Das Räderwerk des MfS läuft bereits seit 3 Uhr auf Hochtouren. Da kam vom Wehrkreiskommando Oschersleben die Eilmeldung, dass die Familien von Klaus F. und seines Rostocker Bruders die Staatsgrenze im Abschnitt der Grenzkompanie Harbke durchbrochen hatten und nach Westdeutschland geflüchtet waren. Etwa zu diesem Zeitpunkt bitten beide Familien bei einem Bauern in Neu-Büddenstedt um Einlass. Der war mehr als überrascht. Er reicht allen ein kräftiges Frühstück als Willkommensgruß in der Neuen Welt.

Außerplanmäßige Fahrt von E-Lok 83 am 13. August 1969, 1 Uhr

Korvettenkapitän Funk hatte vom 1. August bis zum 8. September Erholungsurlaub. Keiner ahnte, dass mit seiner dienstlichen Abmeldung in den Jahresurlaub zugleich der Abschied für immer verbunden war. Am 12. August fuhr er mit seiner Familie im Pkw Wartburg nach Völpke, um die Eltern zu besuchen. Anschließend wollte er mit seinem im VEB Tagebau Harbke als Fahrbereichsleiter beschäftigten Bruder Details zu der seit Langem geplanten Republikflucht besprechen. Dazu wollten sie eine Werkslokomotive als Fluchtfahrzeug nutzen. Die Aktion musste in der Nacht vom 12. zum 13. August über die Bühne bzw. Abraumhalde gehen. Sein Bruder brachte nämlich in Erfahrung, dass die Bahngleise auf der Abraumhalde in den nächsten Tagen verlegt werden sollen. Bei diesem geänderten Streckenverlauf würden die auf der Abraumhalde verlegten Gleise nicht mehr nahe genug an die Grenze heranführen.

Zur Tarnung seiner Fluchtabsicht hatte Korvettenkapitän Funk bei seinem Vorgesetzten eine Urlaubsreise nach Ungarn angegeben. Außerdem stellte er kurz zuvor den Antrag für eine größere 4-Zimmer-Wohnung und kaufte für das Wochenendhaus in Neuhaus-Dierhagen auf dem Fischland Darß neue Möbel. Nichts in seinem Lebens- und Dienstumfeld deutete auf die wahren Absichten hin.

Gegen 20.30 Uhr traf die Rostocker Familie in Harbke ein. Die VP-Posten ließen den Korvettenkapitän in Zivil mit seiner Familie problemlos in den Grenzsperrbereich passieren. Sein Bruder Klaus hatte für die Nacht beim Stellwerk eine Prüfungsfahrt für die E-Lok 83 angemeldet. Die ahnungslosen Kinder erfahren: „Wir machen in der Nacht ein großes Abenteuer und fahren mit der Lok von Onkel Klaus." Alle sind hellauf begeistert und artig. Um 23.50 Uhr beginnen für beide Familien die zwei gefährlichsten Stunden ihres Lebens. Sie fahren mit beiden Pkws zur Werkbahnstrecke der Brikettfabrik Völpke. Dort stellen sie die Pkws an einem Garagenkomplex ab. Bis zur E-Lok sind es nur wenige Schritte. Unbemerkt besteigen alle neun Personen den Fahrstand der E-Lok. Onkel Klaus setzt den Stromabnehmer in Funktion und startet die Maschine. Leise surren die Fahrmotore in einer lauwarmen Sommernacht. Für diese letzte Fahrt mit Kurs West hat Korvettenkapitän Funk seine gold umrandete weiße Marinemütze in Rostock zurückgelassen. Hier auf der Lokomotive ist sein jüngerer Bruder der Kapitän. Gegen 1 Uhr nimmt das Lok-Abenteuer seinen Lauf. An Bord der Werklokomotive befallen die im Fahrstand eng gedrängten Passagiere eher Gefühle von Raumangst als die Seekrankheit. Egal, das Ziel ist in einigen Kilometern erreichbar. Die nächtliche Geisterfahrt führt die Gruppe zum „Absetzer 1074" der Abraum-Hochkippe in Harbke. Um 1.40 Uhr bemerkt der diensthabende Schichtmeister, dass sich eine E-Lok dem Abraumbagger näherte. Er erkennt im Fahrstand seinen Vorgesetzten, Herrn Klaus F.

Lokführer und Korvettenkapitän Funk fahren mit ihren Familien auf der Abraumhalde bis dicht an die Grenze heran. In etwa 300 Metern Entfernung zum überraschten Schichtleiter stoppt die Lok. Die Fahrmotoren verstummen, Endstation – alles aussteigen. Alle neun rutschen scheinbar wie zum Spaß die Abraumhalde hinunter. Sie überqueren den an dieser Stelle durch das Abraummaterial fast verschütteten Stacheldrahtzaun, die Markierung der Grenze zwischen Ost und West. Noch ein paar Meter über eine Wiese und alle sind im Westen. Der letzte Gruß gilt ihrer auf der Halde weithin sichtbaren Lok.

Der Schichtleiter wundert sich, dass die Lok nicht am vorgesehenen Haltesignal stoppt, sondern langsam weiterfährt. Da stimmt doch etwas nicht! Vielleicht hat die Lok einen technischen Defekt. Er schickt den Oberkipper zur Lokomotive, um nachsehen zu lassen, was passiert ist. Als der die Lok erreicht, steht diese verlassen auf dem Gleis. Er leuchtet mit der Taschenlampe in den Fahrstand. Außer einer Aktentasche mit Betriebsdokumenten ist nichts weiter in der Lok zu entdecken. Jetzt informiert der Schichtleiter den Dispatcher, der den Produktionsleiter und der wiederum den Werkdirektor. Der Verdacht eines Grenzdurchbruchs ruft die für den Abschnitt zuständige Grenzkompanie Harbke auf den Plan. Um 3 Uhr sind die Grenzer und das MfS am Tatort. Die Untersuchungen einschließlich Beweissicherung beginnen. Dabei werden die DDR-Grenzer von der anderen Seite fotografiert. Diese hatte längst Kenntnis von dem sensationellen „Marine-Coup" mit der Lokomotive.

Pressespiegel

Am 14. August meldeten die „Hannoversche Allgemeine Zeitung", die „Welt", die „BZ" und die „Bild"-Zeitung auf ihren Titelseiten die gelungene Republikflucht. Das Außergewöhnliche der Aktion liefert den Redakteuren die Schlagzeile „Korvettenkapitän flüchtet mit Lokomotive in die Freiheit". Nach zunächst vergeblichen Versuchen gelingt es den Journalisten schließlich doch, beide Familien zu interviewen. Im September veröffentlicht die „Bild" eine Text- und Fotoserie über die Fluchtaktion. Diese und viele andere Zeitungsstorys werden vom MfS mitgelesen. Die Akte „Desserteur" enthält eine Sammlung von 80 Zeitungsartikeln. Alle sind mit Randglossen versehen. Darunter befinden sich auch zwei Falsifikate der im Westen täuschend ähnlich nachgemachten NVA-Zeitung VOLKSARMEE. Dieses für die an der innerdeutschen Grenze stationierten NVA-Soldaten gedachte Propagandamaterial gelangte mit dem Westwind per Heißluftballon in die DDR. Dichtung und Wahrheit liegen in diesen Blättern des Kalten Krieges meilenweit auseinander. Schnellboote der Bundesmarine kreuzen in den 60er und 70er Jahren wiederholt vor der mecklenburgischen Ostseeküste, um ihre in Folie eingeschweißten Zeitungen und Informationsblätter in Richtung Osten abzusetzen. In der VOLKSARMEE

Nr. 38/1969 erfährt der potentielle Leser die Beweggründe der Flucht von Korvettenkapitän Funk. In dem Artikel „5 Fragen an den Korvettenkapitän" schildert der Pseudoherausgeber „Beate Muschalla in 405 Mönchengladbach" Funks Eindrücke über die Aufnahme in der BRD. Eine andere West-VOLKSARMEE des Jahrgangs 1970 ist in ihren vier großformatigen Seiten gespickt mit Fluchtbeispielen von DDR-Bürgern, darunter auch NVA-Angehörigen. Die Geschichte des Rostocker Korvettenkapitäns, der mit einer Lokomotive über die Halde in den Westen brauste, fehlt natürlich nicht. Was bleibt, ist die Frage, ob der Betroffene das auch alles so sieht. Wir wissen es leider nicht.

Stabsarbeit mit „West"-Filzstiften

In dem eingangs erwähnten Aufsatz schildert Korvettenkapitän Funk, wie ihm bunte Filzstifte „Made in West Germany", die er seinen Söhnen abluchste, im Dienst fast zum Verhängnis wurden. Immerhin eigneten sich diese Stifte bestens für die Stabsarbeit. Unter Verwendung des 12-teiligen Farbenset zeichnete der Marineoffizier in bunter Vielfalt die Handlungen der eigenen (roten) und gegnerischen (blauen) Kräfte in die Lagekarte einer Flottillenübung. Sein kartographisches Meisterwerk in grün, blau, schwarz, rot und gelb erregte Aufsehen. Alles war gut strukturiert, der Sieg der „Roten" vorprogrammiert. Ein Politoffizier lobte die großartige Leistung und fragte: „Wo haben Sie denn die tollen Stifte her?" „Von drüben", bekam er vom Korvettenkapitän zur Antwort. „Großartig, was die alles produzieren!" Er glaubte, die Stifte kämen vom großen Bruder, der Sowjetunion. Die anwesenden Offiziere konnten ihr Grinsen kaum verbergen. Sie beugten sich dicht über die Lagekarten auf dem Tisch. Der Korvettenkapitän korrigierte: „Nein, Genosse Kapitän, nicht aus der Sowjetunion, sondern von drüben, aus Westdeutschland." Der Ärger war perfekt. Es folgte eine dienstliche Aussprache über verbotene Westkontakte und mangelnde politische Wachsamkeit. Als besonders ärgerlich empfand der Politoffizier, dass für die Lagedarstellung von Gefechtshandlungen in einer Übung der VM Stifte des Gegners benutzt wurden. Er argumentierte: „Mit Buntstiften fängt es an und endet…?"

Er ahnte nicht, dass das Dienstende von Korvettenkapitän Funk längst eingeläutet war.

4.12. Der letzte Fahnenflüchtige – gemeinsam mit seiner Frau sagt ein Korvettenkapitän der VM und der DDR ade – Telefonat aus dem Westen

Unmittelbar zu Dienstbeginn ging am Morgen des 18. August 1989 über die Amtsleitung des Stabes beim Ingenieur-Bau-Bataillon 18 (IBB-18) der VM in Saßnitz ein ungewöhnliches Telefonat aus dem westlichen Ausland ein. Am anderen Ende der Leitung befand sich tatsächlich der Stellvertreter für Technik und Ausrüstung des IBB-18, Korvettenkapitän Norbert Licht*. In knappen Worten setzte er seinen Chef telefonisch davon in Kenntnis, dass er sich mit seiner Familie auf der „anderen Seite" befinde. Trotz der verständlichen Überraschung über diesen Anruf zu Dienstbeginn bestanden an der akustischen Echtheit des Gesprächspartners keine Zweifel.

Einen Tag später erhielt die Saßnitzer Marine-Dienststelle auf dem Postwege eine hübsche Ansichtskarte aus Österreich. Sie trug den Poststempel vom 13. August 1989, dem „Jahrestag" des Baus der Berliner Mauer vor 28 Jahren. Per Kartengruß informierte der in Saßnitz allseits bekannte und geachtete Marineoffizier seine Kameraden, dass er und seine Familie eine neue Heimat gefunden haben. Er und seine Frau, die im IBB-18 als Stabsobermeister die Geschäftsstelle leitete, betrachteten ihr Dienstverhältnis in der NVA als beendet.

So ganz neu waren dem Kommandeur des IBB-18 diese Nachrichten vielleicht nicht. Denn bereits am Nachmittag des 14. August erhielt der Fregattenkapitän von einem Saßnitzer Bürger die Information über einen Anruf von Korvettenkapitän Licht aus Österreich. Darin teilte er dem mit dem Blumengießen in der Wohnung von Licht beauftragten Mitbewohner mit, dass seine Familie nicht mehr in die DDR zurückkommen werde. Diese Meldung hatte durchschlagende Wirkung. Der damalige Chef der VM, Vizeadmiral Theodor Hoffmann, befand sich zu jener Zeit im Urlaub. Wie er später in seinem Buch „Kommando Ostsee – vom Matrosen zum Admiral" schrieb, war er über den Seitenwechsel seiner beiden Unterstellten sehr erschüttert. Er kannte beide Marineangehörige persönlich. Seit Bestehen der DDR-Seestreitkräfte war dies nach 1969 die 2. vollendete Fahnenflucht eines Marineoffiziers. Dieser Vorfall beschäftigte den Chef VM damals noch wochenlang.

* Name erfunden.

Die vom Leiter der Politabteilung beim Chef für Rückwärtige Dienste im Kommando VM geführte Untersuchung der Fahnenflucht ergab, dass sich das Ehepaar Licht exakt am 7. August für den geplanten Urlaub in Ungarn eingetragen und abgemeldet hatte. Per Pkw vom Typ „Dacia“ begaben sich die drei Rüganer auf den Weg zu ihrem seit Jahren genutzten Privatquartier in Szeged. Diesmal fuhren sie jedoch mit der festen Absicht, nie wieder in die DDR zurückzukehren. Ungarn, das als erstes Land aus dem Warschauer Pakt ausgebrochen war, hatte seine Grenzen für DDR-Bürger nach Österreich geöffnet. Trotz des sich abzeichnenden wirtschaftlichen und politischen Niedergangs der DDR entschlossen sich damals viele Bürger, für ihre Einreise in die BRD den Umweg über Ungarn und Österreich zu nehmen.

Der nahende Untergang

Viele Marineoffiziere (VM) verfolgten zu jener Zeit kritisch und besorgt die festgefahrene Wirtschaftspolitik der DDR-Regierung und deren Ignoranz über die tatsächliche Lebenslage und Stimmung in der Bevölkerung. Auf allgemeine Ablehnung stieß besonders die permanente Selbstverherrlichung der „führenden Genossen“ im SED-Politbüro. In aller Munde war dagegen in der Bevölkerung die von Michael Gorbatschow ausgelöste Politik von Veränderungen in allen Bereichen der Gesellschaft, „Perestroika“ genannt. Das sahen die „Opas“ der SED-Führungsriege mit dem kranken Honecker an der Spitze völlig anders. In Verkennung der politischen und gesellschaftlichen Realitäten in der DDR und im Ostblock aktualisierte Honecker in jenen dramatischen Tagen den einst von August Bebel vor 100 Jahren geprägten Spruch: „Den Sozialismus in seinem Lauf hält weder Ochs noch Esel auf“! Damit würdigte Honecker auf seine Weise den 40. Jahrestag der DDR, ohne zu ahnen, dass dies der Todestag sein würde. Uns beschäftigte ein ganz anderer Spruch: „Wer zu spät kommt, den bestraft das Leben!“ Damit mahnte Gorbatschow auf seine Weise Veränderungen in der DDR an.

In allen Bereichen der Gesellschaft begann sich Widerstand gegen die SED-Führung mit ihren greisen Funktionären zu regen. Das „Schiff DDR“ war seit geraumer Zeit leckgeschlagen. Es verlor zusehends seine Schwimmfähigkeit, ohne dass die „Genossen auf der Brücke“ dies zur Kenntnis nehmen wollten. Im Gegenteil, Repressivmaßnahmen von Mielke & Co. trugen zur Verschärfung der Situation bei. Vielen stand das Wasser schon bis zum Hals. Während ein Teil der Besatzung bereits in die Rettungsboote wechselte, feierte die Führung bei flotter Tanzmusik in der Messe, dem Palast der Republik. Von sprichwörtlicher Blindheit geschlagen, war sie unfähig, den nahenden Untergang zu erkennen. Zu ihnen gehörten all jene Funktionäre, die in treuer Gefolgschaft an der „Lecksicherung DDR" arbeiteten. Dazu gehörte auch das MfS. Dessen Untersuchungsabteilung IX/6 nahm sich noch am 25. September 1989 der beiden „Verräter" in Marineuniform an.

MfS-Akte „Schute"

Die MfS-Vorgangsakte über die Fahnenflucht auf dem Landwege, über die grüne Grenze, erhielt den Decknamen „Schute". Als Schute bezeichnet man eigentlich ein kleines antriebsloses Schiff für den Güter- bzw. Baustofftransport. Die Flucht des Korvettenkapitäns barg für die Marineführung angeblich die Gefahr des möglichen Verrats von militärischen Geheimnissen. Dazu ließ der Stellvertreter des Chefs VM und Chef für Rückwärtige Dienste ein Gutachten über den Kenntnisstand beider Marineangehörigen mit Geheimhaltungscharakter erstellen. Das betraf vor allem das Wissen des Korvettenkapitäns über die zum Teil unterirdisch angelegten und vom IBB-18 errichteten „Schutzbauten" der VM und 6. GBK. Hierbei handelte es sich um die Gefechtsstände der 1. Flottille in Trassenheide, der 4. Flottille in Schwarzenpfost, der 6. Flottille auf Arkona und der 6. GBK in Graal-Müritz sowie den Reservegefechtsstand der VM in Neuhof.

Der mögliche Verrat, den man Licht unterstellte, zerplatzte wenige Monate später wie eine Seifenblase. Die Geheimhaltung über die Schutzbauten erübrigte sich nach dem Fall der Mauer. Fachleute der Bundesmarine inspizierten die Bauwerke samt Nachrichtentechnik. Die Einheit Deutschlands machte die militärische Verwendung dieser Bauwerke überflüssig, und so ging beispielsweise der unterirdische Gefechtsstand auf Arkona, „Objekt 17" mit der Bezeichnung Kap Arkona LPI-86 121 001, nahe dem historischen Schinkelleuchtturm, 1999 an die Gemeinde Putgarten. Nach der aufwendigen Asbestsanierung wurde das unterirdische Areal ab Oktober 2004 der Bevölkerung zugänglich gemacht.

Im August/September 1989 befragte das MfS u. a. 17 Marineangehörige und einen Zivilbeschäftigten über das in Saßnitz lebende Ehepaar Licht. Heraus kamen nur positive Erkenntnisse. Korvettenkapitän Licht wurde eine vorbildliche Dienstausführung, ein gutes fachliches Wissen sowie ein überzeugendes politisches und moralisches Auftreten bescheinigt. Nach Einschätzung des MfS war die Fluchtabsicht des Ehepaars im „Vorfeld der Tatausführung nicht erkennbar. Es gelang dem Ehepaar, ihre Umwelt geschickt zu täuschen". Garten und Garage, zu DDR-Zeiten fast Privilegien und Mangelware, hatte Kamerad Licht einige Monate zuvor verkauft. Auch das Geldkonto bei der Sparkasse hatten beide schrittweise abgebucht. Möbel und Baumaterialien transportierte Licht zu seinen Eltern nach Dresden. All das erregte keinen Verdacht oder Aufsehen. Warum auch? Die Motive für die Republikflucht blieben im Dunkeln und dem MfS verborgen. Der Korvettenkapitän soll jedoch mit großem Interesse und politischer Aufgeschlossenheit die Ereignisse in Ungarn verfolgt haben. Das war aber damals personenbezogen überhaupt nichts Besonderes. Zu jener Zeit verfolgten eigentlich alle Bürger in der DDR den gesellschaftlichen Wandel in Ungarn. Dass in drei Monaten die Mauer friedlich fallen sollte, ahnte damals keiner, weder im Osten noch im Westen.

Das MfS und der Militärapparat gingen jedoch gegen die beiden Marineangehörigen mit gewohnter Härte vor. Korvettenkapitän Licht und seine Ehefrau Stabsobermeister Helga Licht* wurden in Abwesenheit zu Matrosen degradiert, und es wurden ihnen alle staatlichen Auszeichnungen aberkannt. Gegen beide Personen erließ das Militärobergericht Rostock am 18. August Haftbefehl und leitete die Fahndung nach ihnen ein. Die Militärjustizorgane übernahmen die Bearbeitung des Vorgangs zur strafrechtlichen Verfolgung und Ahndung der gemeinschaftlichen FF. Der Erfolg blieb ihnen für immer versagt.

Die rasante Entwicklung der politischen Ereignisse in der DDR und der NVA führte im November 1989 zur Auflösung des MfS. Unter dem Gelächter der Volkskammerabgeordneten der DDR verabschiedete sich Erich Mielke von der politischen Bühne mit dem Satz: „Ich liebe euch doch alle." Die Aktionen und Taten des MfS im „Namen des Sozialismus" beschäftigen heute Betroffene, Gerichte und die zeitgeschichtliche Forschung.

---

* Name erfunden.

Die am 23. November 1989 geschaffene Nachfolgebehörde „Amt für Nationale Sicherheit" existierte nur wenige Wochen. Damit fanden 40 Jahre Bespitzelung, Überwachung, menschliche Erniedrigung und politische Verfolgung ihr Ende. Ebenso schloss das Kapitel von Aufklärung, Spionage und Militärabwehr zum Schutz des Sozialismus während des Kalten Krieges.

V.

Nachgefragt: Fahnenflucht auch in der Bundesmarine?

Am 12. Mai 1969 desertierte der Korvettenkapitän der Bundesmarine Robert Kündiger in die DDR. Um die Mittagszeit bat er mit seiner Frau und den vier Kindern am Grenzübergang Berlin-Friedrichstraße um politisches Asyl. Dieser Frontenwechsel war damals in der Zeit militärischer Konfrontation von NATO und Warschauer Vertrag eine kleine Sensation.

Das Kriegsende erlebte Kündiger als Kompaniechef der Kriegsmarine beim II. Admiral Ostsee. Sein letzter Dienstgrad war Leutnant zur See d. R. Seine blaue Marineuniform zierte das EK I und EK II.

Am 16. Oktober 1959 meldete sich Kündiger bei der Bundesmarine. Als Oberleutnant zur See leistete er am 15. Februar 1960 den Eid als Berufsoffizier. Seinen Dienst versah er als I WO auf Booten des 4. Minensuchgeschwaders in Wilhelmhaven. Ende 1960 ist er bereits Kapitänleutnant. 1961/63 war Kündiger Schiffswaffen- bzw. Sicherheitsoffizier auf dem Zerstörer Z 4. Hans Helmut Klose (1975-1978 Vizeadmiral und Befehlshaber der Flotte) war einer der Kommandanten von Z 4. Im Oktober 1963 erhielt Kündiger eine Verwendung als Referent für Überwasserwaffen beim Flottenkommando in Glücksburg. 1965 gehörte er zur Gruppe „Command and Control". Er war an der Entwicklung des Programms für Raketenzerstörer beteiligt. Nach mehreren Lehrgängen in den USA profilierte sich Korvettenkapitän Kündiger zum Marinespezialisten für Flugkörper (Raketen). Seine letzte Dienstverwendung in der Bundesmarine ab 1. August 1968 hatte er als Projektoffizier für das System M 20 zur Feuerleitung von Raketen und Torpedos im Marineamt der Bundeswehr in Bonn-Hangelar.

Eine vergleichbare strafrechtliche Verfolgung Kündigers in der BRD nach seiner Flucht in die DDR, wie sie verhaftete Fahnenflüchtige in der DDR erlebten, ist nicht bekannt. Im Kriegsfall würde eine Desertierung nach dem Wehrstrafgesetzbuch behandelt. So jedoch fiel die Flucht in die Zuständigkeit des Truppendienstgerichts. Ob dies den Fall des in die DDR übergelaufenen Marineoffiziers tatsächlich verhandelte, geht aus den derzeit recherchierten Quellen nicht hervor. Der Vorfall fand in der BRD offensichtlich keine juristische Sühnung. Die höchst unerfreuliche Sache galt in der Bundeswehr als „unerlaubte Entfernung von der Truppe". Diese Begriffsverwendung fand in der NVA/VM wiederum disziplinarische Anwendung beim Vergehen „Urlaubs- oder Landgangsüberschreitung" mit Aufenthaltsermittlung und Zuführung des Säumigen durch die Volkspolizei.

Am 22. Mai 1969 hatte der geflüchtete Korvettenkapitän der Bundesmarine seinen sensationellen Auftritt in den DDR-Nachrichten der „Aktuellen Kamera". Für meine Kameraden und mich als Offiziersschüler des 1. Studienjahres gehörte diese Nachrichtensendung in jener Zeit zum Pflichtprogramm. Für diesen Abend wurde uns ein wichtiger Beitrag angekündigt. Total überrascht und mit Erstaunen verfolgten wir die Livesendung des getürmten Korvettenkapitäns in Zivil. Über die Motive seines Seitenwechsels wurde damals viel spekuliert. Kündiger erwähnte in seinen Auftritten ausschließlich politische Gründe, die für seine Flucht in die DDR ausschlaggebend waren. Dazu gehörten die Wiederaufrüstung in der BRD und hierbei insbesondere die gegen die BRF, die VM und die PSKF gerichteten Waffensysteme der Bundesmarine und der Marineflieger. Marineoffiziere, die Kündiger aus dem Dienstumfeld näher kannten, verweisen auf dessen hohe finanzielle Verschuldung in Westdeutschland, die mit ein Grund für die Desertierung gewesen seien.

Wegen seiner Verwendungen in der Bundesmarine hatte er der Aufklärung der VM und dem MfS viel Interessantes zu berichten. Sein Wissen setzte die DDR u. a. für Propagandazwecke gegen die Bundeswehrführung ein. Die vom MfS indirekt gesteuerten Filmemacher nutzten seine Marinekenntnisse für Dreharbeiten des DDR-Mehrteilers „Rottenknechte" (1971). Besonders der 4. und 5. Teil der DDR-Fernsehproduktion polemisierten gegen ehemalige Offiziere der Kriegsmarine, die in der Bundesmarine eine neue Karriere gemacht hatten. Dazu gehörte der damalige Befehlshaber der Seestreitkräfte Nordsee, Flottillenadmiral Hans Helmut Klose, den Kündiger offensichtlich gut kannte. In den 70er Jahren profilierte sich der übergelaufene Marineoffizier in einer breiten Vortragstätigkeit. Die Hörsäle waren gut besucht. Ich erinnere mich an einen dieser Vorträge in der 4. Flottille. Vermutlich war es Kündiger. Als der dann jedoch in genauer Kenntnis der maritimen Fähigkeiten der Bundesmarine öffentlich von einer Überlegenheit westlicher Flugkörper (Raketen) und Computersysteme sprach, endete seine Vortragstätigkeit abrupt."

Nachdem sich das MfS sicher war, dass Kündiger nicht von westlichen Geheimdiensten in die DDR geschickt worden war, schlossen Mielkes Mitarbeiter 1975 seine Akte „Kapitän". Bis Ende 1989 gehörte die Akte zum MfS-Bestand „Ranger" – dem Ausbildungszentrum für westdeutsche Geheimdienste.

Kündiger war nicht der einzige Deserteur aus der Bundeswehr, wohl aber der prominenteste Überläufer. Ein im BStU-Archiv aufgefundenes Dokument belegt, dass das MfS bis 1970 insgesamt 1.320 ehemalige Soldaten der Bundeswehr (überwiegend Heer) registrierte und bearbeitete, die in die DDR überwechselten. Darunter befanden sich 60 Angehörige der Bundesmarine. Für ihre „Flucht" auf dem Land- oder Luftweg nutzten sie die Transitverbindungen nach Westberlin. Die MfS-Statistik erfasste sowohl Deserteure (ca. 40%), die nicht mehr zur Truppe zurückkehrten, als auch Reservisten, die nach ihrem aktiven Militärdienst in die DDR übersiedelten. Zwölf Mann trugen Offiziersdienstgrade.

Die Marinesoldaten hatten in der BRD eine Spezialausbildung als Funker, Navigations-, Artillerie- oder Maschinengast, Personalsachbearbeiter, Bootsmann, Signäler oder Koch erhalten. Einige sollen nach Erkenntnis des MfS Kontakte zum MAD oder zu westlichen Geheimdiensten gehabt haben.

Zu den häufig genannten Motiven des Übertritts in die DDR zählten Unzufriedenheit und Enttäuschungen im Dienst, finanzielle Schwierigkeiten, kein Einverständnis mit der Befehlsgebung in der Truppe sowie Ablehnung von NATO-Kampfhandlungen gegen die DDR bzw. den Ländern des Warschauer Vertrages.

Abkürzungsverzeichnis – Hilfsmittel für Landratten

I WO	erster Wachoffizier (Stellvertreter des Kommandanten)
AK	Ausbildungskurs an der Offiziershochschule
AK	„äußerste Kraft“ als höchste Fahrtstufe der Antriebsmaschine
Achtern	seemännisch hinten
Achterdeck	hinteres Deck des Schiffes
ABC-Ausbildung	Atomare-Biologische-Chemische Ausbildung
Abteilung	abgeteilter Raum an Bord
Anbändseln	Anknoten, etwas an einer Leine befestigen
Ari-Gast	Artillerie/Geschütz-Funktion eines Matrosen
ATAKA	Kommando „Angriff“ in U-Jagdausbildung
Backskiste	Stauraum, größere Kiste, Holz-Verpackung,
Backbord	Linke Seite an Bord
Back	vorderer, häufig erhöhter Teil des Schiffes
Backen und Banken	Esseneinnahme an Bord
Ballast	tote Last (meist Seewasser), dient als Gewichtsausgleich
Barkasse	Motorboot
BDA	Vereinigung Bund der Arbeitgeber in Deutschland
BGS-See	Bundesgrenzschutz-See
Bilge	Kielraum, tiefste Stelle im Schiff
Blende	Schutzdeckel an Schiffsfenster
BM	Bundesmarine, nach 1990 Deutsche Marine
Bolzendreher	Marineangehörige mit häufigen Disziplinarverfahren und Verstößen gegen Befehle, die militärische Ordnung und Disziplin
Bootsmann	älterer erfahrener Unteroffizier der seemännischen Laufbahn, verwaltet seemännisches Inventar an Bord
Bord	Boots- oder Schiffsrand, -wand-, -seite
BRF	Baltische Rotbannerflotte (sowjetische Seestreitkräfte)
BStU	Bundesbeauftragte für die Unterlagen des Staatssicherheitsdienstes der ehemaligen DDR

Bug	Schiffsspitze bzw. vorderer Teil eines Schiffes
Bulleye	rundes Schiffsfenster
Brücke	Kommandozentrale in oberen Aufbauten
Deck	horizontale Schiffsplattform oder Raum im Schiff
DGP	Deutsche Grenzpolizei (DDR)
DSR	Deutsche Seereederei (DDR)
DK	Dieselkraftstoff
DV	Dienstvorschrift (NVA)
Dwars	querab vom Schiff
EKZ	Einsatzklarzustand eines Schiffes
E-Gast	Elektriker an Bord
E-Nautiker	Elektro-Nautiker an Bord
EK	Eisernes Kreuz (2. Weltkrieg)
ES	Erkennungssignal zwischen Schiffen
Freibord	Distanz zwischen der Seeoberfläche bis zum Oberdeck
Flachdecker	Oberdeck ohne erhöhten Absatz
Fregattenkapitän	Marinedienstgrad, entspricht Oberstleutnant
Freund-Feind-Kennung	FFK; geheimer Funkkode zur Schiffs-Identifizierung auf See; NATO: IFF (Identification Friend Foe)
FDJ	Freie Deutsche Jugend (DDR)
Fieren	seemännisch für locker lassen, herablassen
FF	Fahnenflucht
Gast	Bezeichnung für Matrosen in bestimmter Bordfunktion
GA	Gefechtsabschnitt an Bord, organisatorische Zusammenfassung von Anlagen/Technik und dazugehörendem Personal
GBK	6. Grenzbrigade Küste (Schiffsbestand, Dienststellen)
Güst	Grenzübergangsstelle (DDR)
GVS	Geheime Verschlusssache (NVA)
Gischt	überkommende See an Bord
Hangergast	Matrose für Raketenwartung und -betreuung im Bordhanger
HA	Hauptabteilung

Heck	hinterer Teil des Schiffes
Hellegatt	abgeschlossener Raum an Bord
HGS	Hauptgefechtsstand/Brücke an Bord
Hieven	empor- bzw. aufziehen oder anheben
HV	Hauptverwaltung
Hydroakustik	Lehre von der Ausbreitung des Schalls im Wasser
Hydroakustiker/Gast	bedient hydroakustische Station an Bord
IM	inoffizieller Mitarbeiter des MfS
Kabellänge	Längenmaß, zehnte Teil einer Seemeile (185,2 m)
Kammer	Zimmer/Raum für Besatzung an Bord
Kaje, Kai	Anleger für Schiffe
Käppi	Mütze, Kopfbedeckung
Kapitän zur See	KptzS, Marinedienstgrad, entspricht Oberst
Kapitänleutnant (Kaleu)	Marinedienstgrad, entspricht Hauptmann
KBS	Küstenbeobachtungsstation an Land
Kiel	starker Längsverband in der Mitte des Schiffbodens
Knoten	Geschwindigkeitsmaß für Schiffe, 1 kn = 1 sm/h
Korvettenkapitän	Marinedienstgrad, entspricht Major
Kombüse	Küche an Bord
Koje	Bett/Liege an Bord
Koppeln	Bestimmung von Kurs, Fortbewegung und Standort des Schiffes mit Eintragung in Seekarte
Krängung	Schlagseite eines Schiffes
KSS	Küstenschutzschiff (VM)
KSZE	Konferenz über Sicherheit und Zusammenarbeit in Europa
K-10	Ruder- oder Segelkutter mit 10 Mann Besatzung
Kulani	dicke, lange Uniformjacke für Matrosen (Winteruniform)
KVP	Kasernierte Volkspolizei (DDR 1949 – 1956)
Last	Raum im Schiff
Leckwehr	Maßnahmen zur Abdichtung eines Lecks im Schiff

Leitstand	Befehlsstand an Bord
Lenzen	Leeren, trocken machen, Wasser entfernen
LI	Leitender Ingenieur in der Volksmarine
Lot	Leine zur Messung der Wassertiefe
Luk	Abdeckung, Luke
MAD	Militärischer Abschirmdienst (BRD)
Maschinentelegraph	Anlage zur Signalübertragung der Maschinen-Fahrtstufen
Messe	Essen- und Gemeinschaftsraum an Bord
Meister	Marinedienstgrad Unteroffiziere, analog Feldwebel
MdI	Ministerium des Innern (DDR)
MF	Zeitschrift MARINEFORUM
MfNV	Minister für Nationale Verteidigung (NVA)
Mittschiffs	mittlerer Teil des Schiffes
MLR	Minenleg- und Räumschiff (VM)
MKE	militärische Körperertüchtigung, Sport
MHG-18	Marinehubschraubergeschwader 18 (Parow)
MSR	Minensuch- und Räumschiff (VM)
Mot.-Maat	Unteroffizier für Maschinenbetrieb
MPi	Maschinenpistole
MV	Mecklenburg-Vorpommern
Nautiker	Besatzungsangehörige für Kurs- und Geschwindigkeitsberechnung an Bord
NO	Windrichtung Nord-Ost
Oberdeck	oberes, das Schiff abschließende Deck
Oberlicht	im Oberdeck eingelassenes Fenster (Deckglas)
OHS	Offiziershochschule
O-Messe	Offiziersmesse, Offiziersspeiseraum
OP-Dienst	Operativer Dienst
OPA	operative Personenaufklärung mit Sicherheitsüberprüfung
Pier	Schiffsanleger, größerer Steg oder Damm, Kaianlage
Propeller	Schiffsschraube
PSKF	Polnische Seekriegsflotte
Pullen	seemännisch für Rudern

Pumpengast	Matrose zur Wartung von Pumpen und Leitungssystem
Rah	horizontal am oberen Mast angebrachte Querstrebe zur Befestigung von Flaggenleinen
Rasmus	seemännisch für Wind
Ramming	seemännisch für Kollision von Schiffen
Reede	Vorhafen zum Ankern, Warteplatz für Schiffe
Reling	Schiffsgeländer (Stahlseile) an Außenseite des Oberdecks
Riemen	seemännisch für Ruder (Kutter K 10)
RSB	Raketenschnellboot
Rudergänger	Besatzungsangehörige, der Kurs des Schiffes steuert
SaZ	Soldat auf Zeit
SB	Sicherungsbrigade, Einheit von mehreren Schiffen
SBZ	Sowjetische Besatzungszone (1945-1949)
Schanz	Achterdeck, hinteres Deck des Schiffes
Schleichfahrt	ganz langsame Fahrt eines Schiffes/Ubootes
Schiffskeller	seemännisch für untersten Raum
Schott	wasserdichte, verschließbare Tür bzw. quer oder längs eingebaute ausgesteifte Zwischenwand
Seesack	seemännisch für Wäschebeutel oder Koffer
Seemannschaft	Ausbildung in Knoten und Spleissen
Seemeile	Längenmaß, 1 sm = 1.852 m
Seetörn	seemännisch für Schiffsreise/tour
SHD	Seehydrographischer Dienst (DDR)
Slipanlage	Anlage, um Schiffe auf Land zu ziehen oder zu Wasser zu lassen
Signäler	Matrose für Signalgebung per Winkflagge oder Lampe
Smutje	seemännisch für Koch
Spill	Deckhilfsmaschine zum Einholen von Ketten und Trossen
STO	Schiffstechnischer Offizier an Bord
Stabsobermeister	Marinedienstgrad (VM) analog Stabsfeldwebel
Spanten	rippenähnliches Schiffbauteil zur Aussteifung der Außenhaut

Spind	seemännisch für Schrank
Sperrgast	Matrose mit Funktion für Minenräumgerät/ Anlagen
SSK	Seestreitkräfte
SSTA	Schiffstammabteilung, Dienststelle Dänholm/ Stralsund
Stelling	Laufsteg/Gerüst mit Geländer, um an Bord zu kommen
Steuerbord	seemännisch für rechte Seite an Bord
TS-Boot, TSB	Torpedoschnellboot
TH	Technische Hochschule
Topp	oberes Ende vom Mast
Trosse	starkes Stahlseil
UA	Unterabteilung
U-Haft	Untersuchungshaft
UltzS	Unterleutnant zur See
Vartalampe	Handsignalscheinwerfer
Vordersteven	äußerster Abschluss des Schiffes nach vorn
Vorpik	vorderer Raum und unter Deck im Schiff
VM	Volksmarine (DDR)
VSA	Vermessungsschiffabteilung (Aufklärung/Spionage)
VP-See	Volkspolizei-See (Seestreitkräfte)
VP	Volkspolizei
VP-Luft	Volkspolizei-Luft (Luftstreitkräfte)
VVS	Vertrauliche Verschlusssache (NVA)
Wenden	Kursänderung eines Schiffes
WI	Wachingenieur
WO	Wachoffizier
WOG	Kutterbezeichnung WOLGAST
WS	Wasserschutzpolizei
WNW	Windrichtung West-Nord-West
WSW	Windrichtung West-Süd-West
z b V	zur besonderen Verwendung
Z	Zerstörer, Schiffsklasse
Zwangsweg	nautisch in See festgelegter Schifffahrtsweg/ Fahrwasser

Quellen- und Literaturverzeichnis

Archiv BStU: MfS-HA I, MfS-HA I/VM; MfS-HA II, MfS-HA IX, MfS-AF, MfS-AOP, MfS-JHS, MfS-HA/GA, MfS-ZAIG; MfS ZKg; MfS-Sekretariat Neiber, A9 148/75, A9 37/78

Archiv BStU: MfS, BV Rostock, Abteilung VI

BStU, MfS-Handbuch, Die Organisationsstruktur des MfS 1989, Berlin 1995

Bundesarchiv-Militärarchiv, DVM 10/50953, VA-04/29120, DVM 13/55785, DVW 1/5599

Berliner Zeitung vom 10./11.08.2001, 23.07.2001, 23.05.2002

BZ vom 14.08.1969

Bild-Zeitung vom 14.08. 1969 und 13.09.1969

Christine & Bodo Müller: Über die Ostsee in die Freiheit, 2. Auflage, Bielfeld 2000, ebenda Ausstellung „Über die Ostsee in die Freiheit", Kulturforum Burgkloster Lübeck, 3. September 2001 bis 17. März 2002

Das Parlament, Nr. 32-33, 3./10.08.2001

Der Grenzpolizist, Nr. 34 vom 24.08.1961

Die Welt vom 14.08.1969

Flotten-Echo, Zeitung der VM der DDR, 6. Jahrgang 1961; Nr. 25 vom 23.Juni, Nr. 26 vom 30. Juni, Nr. 29 vom 21. Juli, Nr. 33 vom 18. August, Nr. 34A vom 22. August, Nr. 35A vom 29. August, Nr. 35B vom 1. September, Nr. 36A vom 5. September, Nr. 37A vom 15. September, Nr. 38A vom 19. September, Nr. 45 vom 10. November, Nr. 47 vom 24. November 1961

Hannoversche Allgemeine Zeitung vom 14. 8. 1969

Sigurt Hess: Aufklärung und Propaganda, in: MARINEFORUM Heft 1/2-2008

Theodor Hoffmann: Das letzte Kommando. Ein Minister erinnert sich, Berlin/Bonn/Herford 1993

Theodor Hoffmann: Kommando Ostsee. Vom Matrosen zum Admiral, Berlin/Bonn/Hamburg 1995

Hans Mehl, Knut Schäfer: Die andere Deutsche Marine, Stuttgart 1995

Hans Mehl, Knut Schäfer, Ulrich Israel: Vom Küstenschutzboot zum Raketenschiff, Berlin 1986

Interview Zeitzeugen: Eckhard Holz, Michendorf 16. August 2007; Friedhelm Suhrkamp, Kühlungsborn 18. August 2007; Karl-Heinz Kremkau, Lindenhorst 4. September 2002; Rainer Lorenz, Rostock 14. August 2001; Gerhard Priewe, Rostock 15. August 2001; alles Archiv Autor

Jörg Lolland: Zu Befehl Genosse Unterleutnant, Stuttgart 1971

Junge Welt vom 14. Juli 1950

Lübecker Nachrichten vom 25. August 1961

MARINEFORUM, Zeitschrift für maritime Fragen, H.6-2005, H.12-2006; H.3-2007; H.5/2007; H.7/8-2007, H.12/2008

NDR Nordmagazin MV „Fahnenflucht über die Ostsee“, 26. August 2007

Ostsee-Zeitung vom 24. Februar 1996, 24. Februar 1996, 9. August 2001

Ingo Pfeiffer: Dienstaufzeichnungen 15. Oktober 1972 bis 30. August 1973

Prüfungsnachweis Ausbildungsprofil Schiffsmaschinenoffiziere, 10. Oktober 1972, Archiv Autor

Rosentreter, Robert: Im Seegang der Zeit, Rostock 2000

Studienbuch OHS Stralsund, Fachrichtung Maschine – Pfeiffer, 1. September 1968 bis 30. September 1972, Archiv Autor

Wilhelm, Horst: Meine Dienstzeit als Kommandant auf U-Jagdschiff „421“ SPERBER, Gräfenthal 18. Dezember 2007, Archiv Autor

Bildnachweise

BStU-Archiv Berlin (4), Ingo Pfeiffer (11), Ferdinand Schmeichel (1), Eckhard Holz (13), Bernd Knispel (1), MARINEFORUM (1), Dieter Flohr (6), Peter Seemann (6), Karl Heinz Häßler (1), Helmut Neumeister (3).

Aus Sammlungen 4. Flottille (4), 1. Flottille (2), 6. GBK (1), Jürgen Sindermann (1), Karl-Heinz Kremkau (1), unbekannt (3)

Zeichnungen/Darstellungen/Dokumente/

Kramer/Schubert (9), Sammlung Pfeiffer (11), Kopien BStU (10), Geographisch-Kartographische Anstalt Gotha (1)

Autorenkurzporträt

Ingo Pfeiffer, Jahrgang 1949 und in Brandenburg aufgewachsen, trat 1968 in die Volksmarine ein. 1972 absolvierte er die Offiziershochschule in Stralsund mit FH-Diplom für Schiffsbetriebstechnik und Ernennung zum Leutnant-Ing.

Mit 23 Jahren erhielt er seine 1. Offiziersdienststellung als Leitender Ingenieur auf einem U-Jagdschiff Typ 201-M in Warnemünde. Nach der Bordverwendung ist er Stabsoffizier in der 4. Flottille. Mit Aufnahme eines gesellschaftswissenschaftlichen Studiums erhielt er 1979 seine Berufung zum Fachlehrer und 1983 zum Fachgruppenleiter für Geschichte an der Offiziershochschule in Stralsund. Fortan widmete er sich dem Forschungsthema „Die Entwicklung von Seestreitkräften der DDR". Unter seiner wissenschaftlichen Anleitung legte eine Forschungsgruppe in den 80er Jahren mehrere Diplomarbeiten zur Geschichte der Volksmarine vor.

1988 promovierte er an der Sektion Geschichte der Universität Rostock zum Dr. phil. Er erhielt für das Fachgebiet Geschichte die FACULTAS DOZENDI. Als Fregattenkapitän wurde er 1990 in die Bundesmarine an der Marineschule Stralsund übernommen. Aus strukturellen Gründen erfolgte dann seine Entlassung aus der Bundeswehr. Anschließend absolvierte er ein betriebswirtschaftliches Studium, dass er 1992 mit dem BDA-Diplom als „Marketing-Referent" abschloss. Seitdem ist er in der Wirtschaft als Projektmanager tätig.
Seit Mitte der 80er Jahre beschäftigt sich der Autor mit der Herausbildung von maritimen Polizeikräften in Mecklenburg (1945-1949) sowie dem Aufbau von Seestreitkräften der DDR im Zeitraum 1950-1956. Dazu veröffentlichte er zahlreiche zeit- und marinegeschichtliche Beiträge im MARINEFORUM, EUROPÄISCHE SICHERHEIT, KÖHLERS FLOTTENKALENDER und SCHIFF & HAFEN. Im NDR für Mecklenburg-Vorpommern meldet er sich mit marinehistorischen Reportagen zur Geschichte der DDR-Seestreitkräfte zu Wort. Seit 2001 widmet er sich der Thematik von Fahnenfluchtaktionen in der Volksmarine, die das bisher unbekannte Kapitel der Tätigkeit des MfS in der Volksmarine behandeln.

Anhang

Kapitel 1:

Zuständigkeit der HA IX/6

1. Hauptabteilung IX/6 ist direkter Partner für alle OV/OPK von

   HA I/MfNV
   - Kdo. Grenztruppen
   - Kdo. LSK-LV
   - Kdo. Landstreitkräfte
   - Grenzkommando Mitte sowie die Grenzregimenter in der Hauptstadt der DDR und die Grenzausbildungsregimenter des GKM

2. Hauptabteilung IX/6 ist direkter Partner für alle Abteilungen der HA I bei OV/OPK wegen

   - Staatsverbrechen, begangen durch Militärpersonen (mit Ausnahme der Spionageverbrechen)
   - Straftaten mit bedeutenden Auswirkungen für die Einsatz- und Gefechtsbereitschaft, den politisch-moralischen Zustand der Truppe oder erheblichen materiellen Schäden (z.B. Meuterei, schwere Störungen der sozialistischen Beziehungen, schwere Verstöße gegen den militärischen Geheimnisschutz, bedeutsame Schäden im Bereich Militärökonomie und an der Kampftechnik)
   - Fahnenfluchten unter Mitführung von Waffen, Sprengmitteln oder Kampftechnik
   - gelungenen Fahnenfluchten in das Operationsgebiet oder in das sozialistische Ausland
   - OV/OPK oder Vorkommnissen von zentraler Bedeutung (z.B. Ändern von Befehlen, Dienstvorschriften, zur zentralen Auswertung der Hauptverhandlung u.ä.)
   - OV/OPK gegen alle Offiziere

Zweites Gesetz zur
Ergänzung des Strafgestzbuches
-Militärstrafgesetzbue
(vom24.1.1962 GBL I S.25)

Zweiter Teil

Ergänzung zum besonderen Teil des StGB

§ 4 Fahnenflucht

(1) Wer es unternimmt, seine Truppe, seine Dienststelle, seinen Einsatzort oder einen anderen für ihn bestimmten Aufenthaltsort zu verlassen oder zu diesem nicht zurückzukehren, um sich dem Wehrdienst zu entziehen, wird mit Zuchthaus bis zu acht Jahren bestraft.

(2) Auf Zuchthaus nicht unter zwei Jahren ist zu erkennen, wenn

a) die Fahnenflucht mit dem Ziel begangen wird, das ~~xxxxxx~~ Gebiet der Deutschen Demokratischen Republik zu verlassen,
b) zur Verwirklichung der Fahnenflucht von dem Täter Gewalt gegen andere Personen angewendet oder mit Gewalt gedroht wird,
c) die Fahnenflucht von mindestens zwei Personen oder
d) die Tat von einem Offizie4r Begangen wurde.

(3) Wer im Verteidigungszustand seinen ~~xxfxxx~~Einsatzort verläßt, um sich dem Wehrdienst zu entziehen, oder zum Feind überläuft, wird mit Zuchthaus nihht unter drei Jahren bestraft.

Erstmaßnahmen
zur Vorkommnisuntersuchung bei Fahnenfluchten mit Waffen

I. Im Bereich der Dienststelle

1. Übersicht verschaffen über bereits durchgeführte Maßnahmen und deren Ergebnisse im Zusammenwirken mit
   - HA I
   - Fahndungsführungsgruppe
   - zuständige KD
   - NVA, MStA, VP

2. Durch HA I feststellen bzw. einleiten lassen:
   - gegebenenfalls entsprechende Dokumentation des Ereignisortes (durch Spezialkommission, Sonderreferat, VP, NVA oder andere im Einsatz befindliche Kräfte, Bilddokumentation, Tatortberichte, Spurensicherung usw. anfertigen bzw. auswerten)
   - Bekanntenkreis und andere zu dem Täter auskunftsfähige Personen ermitteln, um Arbeitsgrundlage für Linie IX zu schaffen (Stubenbelegung, Freunde, Nachbarposten usw.)
   - Schrankdurchsuchung, prüfen, ob Gegenstände fehlen
   - Vollständigkeit an Waffen, Munition u. VS-Material prüfen
   - veranlassen, daß der benötigte Personenkreis erreichbar ist (Einheitsangehörige, Vorgesetzte usw.)
   - bei Flucht während des Wachdienstes die Wachdokumente beschaffen u. die Richtigkeit deren Eintragungen prüfen (z.B. durchgeführte Kontrollen)
   - Zeitpunkt der Flucht exakt bestimmen
   - prüfen, ob der Täter Fahrerlaubnis hat, selbst ein Fahrzeug am Dienstort hatte oder ein Fahrzeug führen kann

- sind Kfz auf Parkplatz des Objektes (o. in der Nähe) vollzählig
- letzter Urlaub o. Ausgang des Täters (mit wem)
- Bekanntschaften im Standortbereich
- durch VP prüfen, ob unbefugte Kfz-Benutzungen im Standortbereich gemeldet wurden (oder andere Vorkommnisse, die mit FF im Zusammenhang stehen können)
- Abfahrtszeiten öffentlicher Verkehrsmittel
- was ist ansonsten über Täterpersönlichkeit bekannt wie: Aufenthalt im Jugendwerkhof, Betreuung durch Jugendhilfe Heimerziehung, Internatsaufenthalte, Auslandsreisen, Verhältnis zum Elternhaus u. Beziehungen zu anderen Angehörigen, Bekannten usw.
- bisherige Einsätze oder Aufenthaltsorte in der DDR (Urlaub, Manöver, Übungen, Kommandierungen usw.)
- Vorstrafen, strafbare Handlungen, eingestellte EV
- über welche Zivilbekleidung oder Behältnisse verfügte der Täter
- finanzielle Mittel, die der Täter besitzen kann
- hatte Täter Zugang zu Urlaubsscheinen, Dienstaufträgen (o. solche im Besitz)
- welcher Einsatz von inoffiziellen Kräften ist möglich

<u>Fragespiegel für Zeugenvernehmung</u> (im Dienstbereich des Täters)

1. Seit wann mit der Person des Täters bekannt
2. Wann letztmalig Täter gesehen
3. Bei Flucht aus dem Wachdienst heraus sind Wachhabende, Nachbarposten, Ablöseposten oder Begleitposten zu vernehmen:
   - seit wann war Posteneinsatz bekannt
   - gab es Besonderheiten in bezug auf Täter
   - letzter Posteneinsatz,
   - letzte Kontrollen (wird meist manipuliert)
   - wie erfolgte Postenaufführung
   - mit wem war der Täter während des Wachdienstes zusammen, befinden sich darunter eng befreundete Personen
4. Was ist über Beziehungen und Verhältnisse zu Eltern, Angehörige, Verwandten und Bekannten des Täters bekannt
5. Westkontakte jeglicher Art
6. Umgangskreis vor oder während NVA-Zeit (insbesondere Heimatort - Charakter des Umgangskreises)
7. Freunde, Bekannte usw. in der Einheit und im Standortbereich (eventuell gemeinsame Bekannte, auch Heimatbereich des Zeugen)
8. Ausgang oder Urlaub mit wem, mit wem hat er gemeinsam Dienst (24-Stunden-Dienste o.a. durchgeführt)
9. Was ist über besondere Vorkommnisse, die Täter begangen oder verursacht haben kann, bekannt (UE, Wachvergehen, Diebstahlshandlungen)
10. Einstellung zum Wehrdienst
11. Hinweise auf Konfliktsituationen
12. Über welche Ortskenntnisse (in DDR, Ausland, grenznahen Raum) verfügt der Täter
13. Wurden vom Täter Fahnenfluchtversiehen erörtert (auch nur "theoretischer"Art)

14. Kontakte zu Personen, die im grenznahen Raum wohnen
15. Kann der Zeuge Aussagen treffen über Besitz von Zivilkleidung, finanzielle Mittel usw. des Täters
16. Hat der Täter eventuell Kenntnis über Fahndungsmaßnahmen, können vom Zeugen Gewohnheiten oder Verhaltensweisen des Täters genannt werden, die Hinweise auf mögliches Verhalten während der FF geben (etwa im Ergebnis geführter Unterhaltungen darüber, wie eine Fahnenflucht durchführbar ist)
17. Gibt es Anhaltspunkte, die auf die Art und Weise der Fahnenfluchtdurchführung hinweisen (Besitz oder Beschaffung von Kartenmaterial, Auskunftsersuchen über Zugverbindungen usw.)
18. Gab es im Verhalten des Täters unmittelbar vor der Tatausführung irgendwelche Besonderheiten (auch auffälliges Zusammensein mit Einheitsangehörigen)
19. Welche Mutmaßungen über den Fluchtweg - Fluchtmethode und wahrscheinliche Verhaltensweisen sind dem Zeugen bekannt geworden oder hat der Zeuge selbst festgestellt
20. Sind dem Täter begünstigende Bedingungen der FF bekannt
21. Politische und charakterliche Einschätzungen
22. Wo war der Zeuge zum Zeitpunkt der Fahnenflucht (bzw. in der relevanten Zeit zuvor)

Fragespiegel für Zeugenvernehmung im Wohn- und Freizeitbereich

1. Seit wann und durch was mit Täter bekannt
2. Wann letztmalig mit Täter zusammengetroffen (in Abhängigkeit von Bedeutung weitere Fragen)
3. Was ist über Bekanntenkreis, Freunde, Verwandte bekannt (Rangreihe ist davon abhängig, wie eng die Verbindungen waren)
4. Umgangskreis vor und während NVA-Zugehörigkeit (besondere Zuneigung zu anderen Personen)
5. Gab es Konfliktsituationen (mit Eltern, Freundinnen usw.)
6. Welche Ortskenntnisse besitzt der Täter
7. Gab es Erziehungsschwierigkeiten (Jugendwerkhof, Jugendhilfe-Heimerziehung, Verhältnis zu Eltern usw. oftmaliges Verlassen der Eltern usw.)
8. Bisheriges Verhalten in der Öffentlichkeit, Straftaten, Ordnungswidrigkeiten usw.,
9. Urlaubs- und Freizeitgestaltung, Auslandsreisen, welche Gebiete der DDR bekannt, z.B. ist der Täter viel getrampt,
10. Gibt es im Wohngebiet o. Umgebung Versteckmöglichkeiten
11. Besondere Neigungen und Interessengebiete des Täters (nur wenn sie Bedeutung für Flucht haben können, wie z.B. oftmalige unerlaubte Kfz-Benutzung, Interesse an Waffen usw.)
12. Welche Einstellung zum Wehrdienst brachte der Täter zum Ausdruck (Einsicht in Briefpost)
13. Charakterliche, politische Einstellung
14. Westkontakte aller Art
15. Fragenkomplexe analog Fragen im Dienstbereich Punkt 13, 14, 16, 17 u. a.

Erstmaßnahmen
zur Vorkommnisuntersuchung bei Fahnenfluchten mit Waffen

I. Im Bereich der Dienststelle

1. Übersicht verschaffen über bereits durchgeführte Maßnahmen und deren Ergebnisse im Zusammenwirken mit
   - HA I
   - Fahndungsführungsgruppe
   - zuständige KD
   - NVA, MStA, VP

2. Durch HA I feststellen bzw. einleiten lassen:
   - gegebenenfalls entsprechende Dokumentation des Ereignisortes (durch Spezialkommission, Sonderreferat, VP, NVA oder andere im Einsatz befindliche Kräfte, Bilddokumentation, Tatortberichte, Spurensicherung usw. anfertigen bzw. auswerten)
   - Bekanntenkreis und andere zu dem Täter auskunftsfähige Personen ermitteln, um Arbeitsgrundlage für Linie IX zu schaffen (Stubenbelegung, Freunde, Nachbarposten usw.)
   - Schrankdurchsuchung, prüfen, ob Gegenstände fehlen
   - Vollständigkeit an Waffen, Munition u. VS-Material prüfen
   - veranlassen, daß der benötigte Personenkreis erreichbar ist (Einheitsangehörige, Vorgesetzte usw.)
   - bei Flucht während des Wachdienstes die Wachdokumente beschaffen u. die Richtigkeit deren Eintragungen prüfen (z.B. durchgeführte Kontrollen)
   - Zeitpunkt der Flucht exakt bestimmen
   - prüfen, ob der Täter Fahrerlaubnis hat, selbst ein Fahrzeug am Dienstort hatte oder ein Fahrzeug führen kann

Offiziershochschule der Volksmarine in Stralsund (oben: Lehrgebäude, unten: Unterkunftsgebäude)

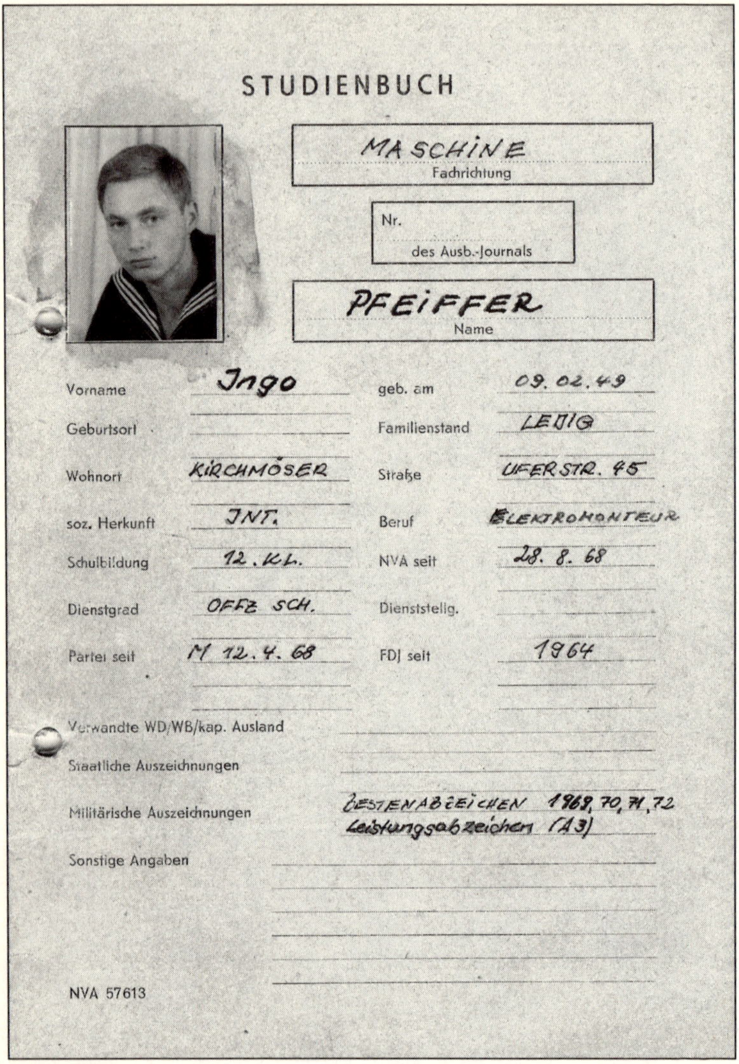

STUDIENBUCH

MASCHINE
Fachrichtung

Nr.
des Ausb.-Journals

PFEIFFER
Name

Vorname	Ingo	geb. am	09.02.49
Geburtsort		Familienstand	LEDIG
Wohnort	KIRCHMÖSER	Straße	UFERSTR. 45
soz. Herkunft	INT.	Beruf	ELEKTROMONTEUR
Schulbildung	12. KL.	NVA seit	28. 8. 68
Dienstgrad	OFFZ SCH.	Dienststellg.	
Partei seit	M 12. 4. 68	FDJ seit	1964

Verwandte WD/WB/kap. Ausland

Staatliche Auszeichnungen

Militärische Auszeichnungen BESTENABZEICHEN 1969, 70, 71, 72
Leistungsabzeichen (A3)

Sonstige Angaben

NVA 57613

Studienbuch als Offiziersschüler

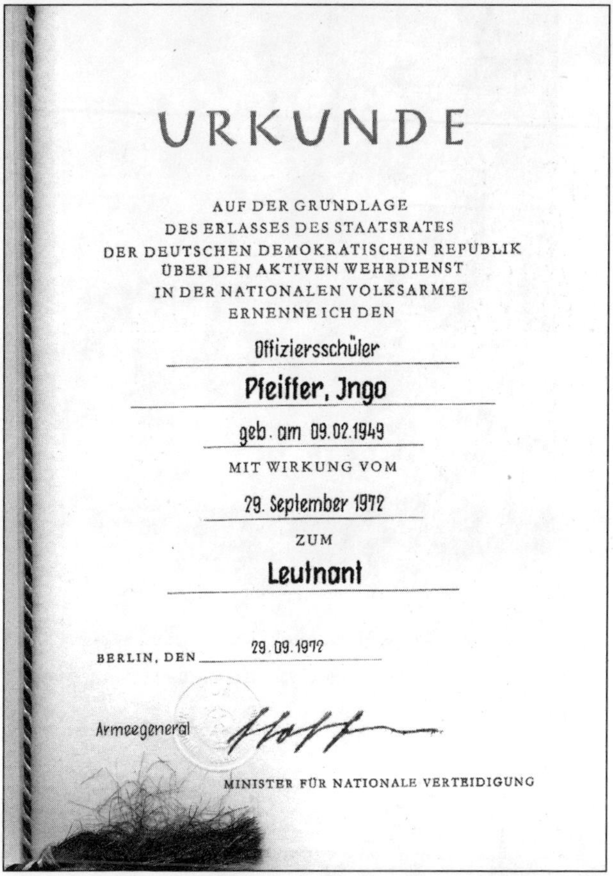

URKUNDE

AUF DER GRUNDLAGE
DES ERLASSES DES STAATSRATES
DER DEUTSCHEN DEMOKRATISCHEN REPUBLIK
ÜBER DEN AKTIVEN WEHRDIENST
IN DER NATIONALEN VOLKSARMEE
ERNENNE ICH DEN

Offiziersschüler

Pfeiffer, Jngo

geb. am 09.02.1949

MIT WIRKUNG VOM

29. September 1972

ZUM

Leutnant

BERLIN, DEN 29.09.1972

Armeegeneral Hoff

MINISTER FÜR NATIONALE VERTEIDIGUNG

MSR 346

MSR Typ KONDOR II, Projekt 89.2. (Blick von Brücke nach achtern in Hecksee)

MSR Typ KONDOR II, Projekt 89.2. in Kiellinie

Nationale Volksarmee
4. Flottille

O.U., den 16.10. 1972

Zulage : ohne

Bestätigung:
Chef der 4. Flottille Richter, Kapitän zur See

PROTOKOLL

für die Zulassung zur selbständigen Ausübung von Bordfunktionen

Re 19/10.

Der Genosse : Leutnant Pfeiffer, Ingo
Dienstgrad Name Vorname

hat am 01.09 1972 entsprechend der Ordnung über die Zulassung zur selbständigen Ausübung einer Bordfunktion vom 15. Januar 1966 vor der lt. Befehl Nr. 74/71 des Chefs der 4. Flottille zuständigen Kommission die Prüfung abgelegt und bestanden.

Ihm wird lt. Befehl Nr. 35/72 des Chefs der 4. Flottille :

a) die Zulassung zur selbständigen Führung eines Schiffes/Bootes der Klasse ——, Typ —————— erteilt

b) die Zulassung zur selbständigen Ausübung der Seewache für den Schiffstyp —————— erteilt

c) die Zulassung zur selbständigen Führung des Maschinengefechtsabschnittes für den Schiffstyp MSR, Projekt 89 erteilt

Die Bestätigung sowie die Ergebnisse der abgelegten theor. u.prakt Prüfungen sind im GAH des Stabes der 4. Flottille, GA-V nachgewiesen und im Dienstbuch des Genossen eingetragen.

Vorsitzender der Prüfungskommission
– Flott. Offz. für Schiffsmaschinenanlagen – John Freg. Kpt.
Name Dienstgrad

Aberkennung der Zulassung
Die Zulassung a), b), c) wurde am ___ 197 durch Befehl Nr. __/__ des Chefs der .ᴴ Flottille für die Zeit von/bis ______ aberkannt.
Grund:

Name Dienstgrad

Protokoll, WI-Zulassung für MSR

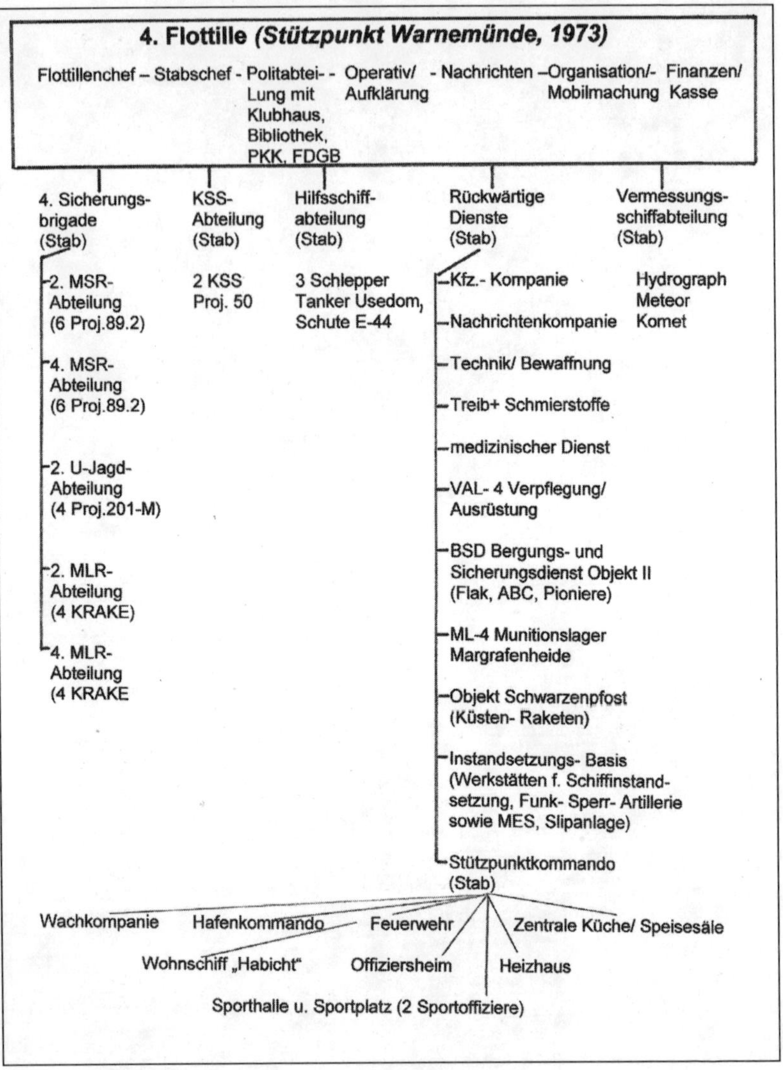

Struktur 4. Flottille Warnemünde/Hohe Düne (1973)

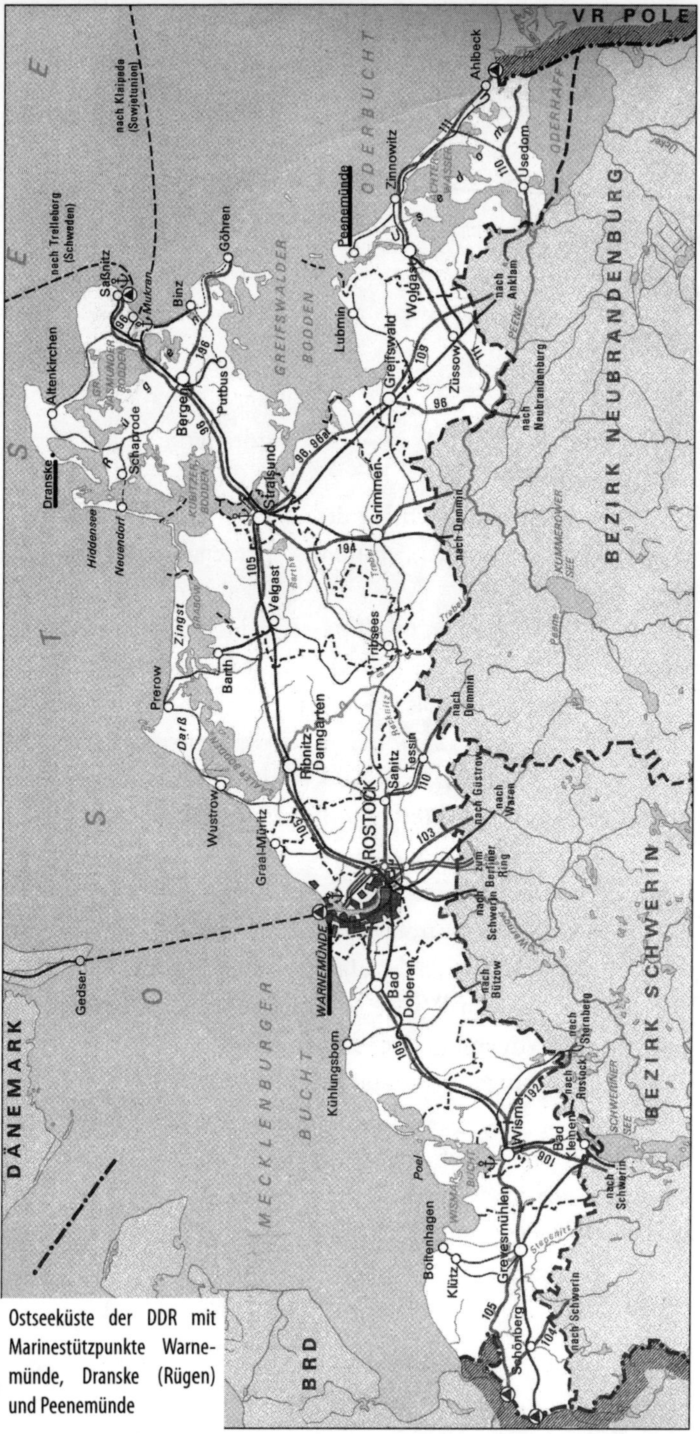

Ostseeküste der DDR mit Marinestützpunkte Warnemünde, Dranske (Rügen) und Peenemünde

Kapitel 4.1.

Aufbau, technische Daten U-Jagdschiff 201-M, Projekt SO-1

- flachbordiger Glattdecker sowjetischer Produktion
- Länge: 41,96 m
- Breite: 6,08 m
- Tiefgang: 1,90 m
- Bughöhe: 5,37 m
- Heckhöhe: 3,30 m
- Höhe mit Mast: 11,0 m
- Verdrängung normal: 199 t - Verdrängung voll: 215 t
- seetüchtig bis See 7 – 8 - Gefechtseinsatz bis See 4
- Lecksicherheit: 2 Abteilungsschiff mittlerer Freibordhöhe von 1,71 m. 79 Spanten, mittlerer Spantenabstand von 5,38 m.
  9 Abteilungen mit 8 wasserdichten Schotten.
- Aktionsradius: bis 1.500 sm bei 23 t DK, 1,7 t ÖL und 3,6 t Wasser mit 12 sm/h bis 1.500 sm
- Antriebsmaschine: 3 mal 12 Zylinder- Zweitaktdieselmotoren („D 30") mit gesamt 4.150 kW auf 3 Wellenanlage
- Geschwindigkeit: große Fahrt (800 U/min) 25 sm/h, AK (828 U/min) 27 sm/h
- Bewaffnung: Artillerie 2 mal 25 mm Doppellafette 2-M-3,
  UAW 4 fünfrohrige reaktive Wasserbombenwerfer RBU-1200, 2 Ablaufgerüste am Heck für je 12 Wasserbomben WB-1, Minenschienen an Oberdeck für 10 Minen KB oder 52 Minen JAM
- Hydroakustische Ortungsstation „Tamir" 11"

Wachsystem Maschinengefechtsabschnitt:

I. Wache: Motorenmeister, Mot-Maat, Pumpengast, 1. E-Gast

II. Wache: Leitender Ingenieur (LI), 1. Mot-Gast, 2. Mot-Gast, 2. E-Gast

Leckrufplan

I-6-9 Achterlast
II-6-1 Trinkwasserzelle Stb.
II-6-4 Trinkwasserzelle Bb
II-6-2 Schmutzwasserzelle
II-6-9 Achterdeck mit Kombüse
III-6-9 Mitteldeck
III-6-1 DK-Bunker Stb. (2,4 t)
III-6-2 DK-Bunker Bb. (2,4 t)
IV-6-9 Maschinenraum 1
IV-6-1 DK-Bunker Stb. (3,3 t)
IV-6-2 DK-Bunker Bb. (3,3 t)
V-6-1 DK-Bunker Stb. (1,3 t)
V-6-2 DK-Bunker Bb. (1,3 t)
V-6-10 Maschinenraum 2
V-6-9 Öltank

Leckrufplan U-Jagdschiff 201-M

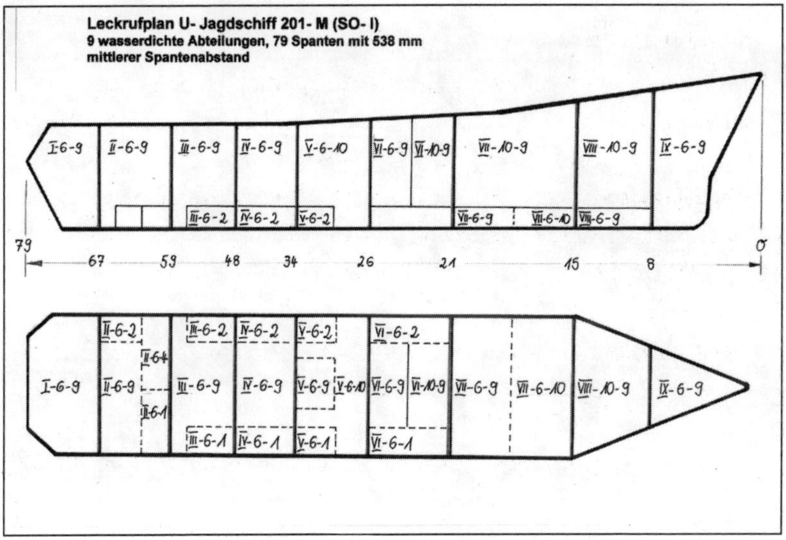

Nationale Volksarmee
4. Flottille

Bestätigt:
Chef 4. Flottille

Richter Kpt. z. S.

O.U., den 24.01. 1973
423

Anlage: ohne

P R O T O K O L L

für die Zulassung zur selbständigen Ausübung von Bordfunktionen

Der Genosse : Leutnant Pfeiffer Ingo
Dienstgrad Name Vorname

hat am 23.01. 1973 entsprechend der Ordnung über die Zulassung zur selbständigen Ausübung einer Bordfunktion vom 15. Januar 1966 vor der lt. Befehl Nr. 55/72 des Chefs der 4. Flottille zuständigen Kommission die Prüfung abgelegt und bestanden.

Ihm wird lt. Befehl Nr. 25/73 des Chefs der 4. Flottille :

a) die Zulassung zur selbständigen Führung eines Schiffes/Bootes der Klasse —, Typ — erteilt

b) die Zulassung zur selbständigen Ausübung der Seewache für den Schiffstyp — erteilt

c) die Zulassung zur selbständigen Führung des Maschinengefechtsabschnittes für den Schiffstyp 201 M erteilt

Die Bestätigung sowie die Ergebnisse der abgelegten theor. u. prak. Prüfungen sind im GAN des Stabes der 4. Flottille nachgewiesen und im Dienstbuch des Genossen eingetragen.

Vorsitzender der Prüfungskommission
– Flott. Offz. Schiffsmaschinenanlagen – Ehrhardt Korv. Kpt
Name Dienstgrad

Aberkennung der Zulassung
Die Zulassung a), b), c) wurde am ___ 197 durch Befehl Nr. __/__ des Chefs der .Flottille für die Zeit von/bis ______ aberkannt.
Grund:

Name Dienstgrad

U-Jagdschiffe Typ 201 M während der Seeausbildung vor der DDR-Küste,
Blick von 25-mm-Geschütz und reaktiven Wasserbombenwerfer Typ RBU 1200 auf Schwesternboot

U-Jagdschiff 201-M in See

BStU
000001

Vertrauliche Dienstsache!

Dienstbereich H.-Abt. I

[redacted]

Vorlauf-Operativ

Reg.-Nr. H.-Abt. I [redacted]/73

„Vorposten"

Nicht gesperrt

Beginn 3. 8. 73

Beendet

10338/74

Archiv-Nr.

Band-Nr. 1

9967

10338/74

Band IV

HV-Termine:
12./13.2.74, 9⁰⁰
5./6.3.74, 9⁰⁰

Der Militärstaatsanwalt

der Volksmarine

BStU
000001

Strafsache

bei dem 1a – Strafsenat – ~~Strafkammer~~ des – Militärobergerichts Neubrandenburg

gegen 1. [redacted]
2. [redacted]
3. [redacted]

Verteidiger
RA. [redacted] Waren
RA [redacted], Rostock

Vollmacht
Bl. 28
35/36

wegen Unternehmens der Spionage, Terrors und gemeinsch. Vorbereitung der Fahnenflucht i. schweren Fall; §§ 97 (1.2), 101 (1), 254 (1.2) 1,2,3 (3) i.V.m. 63 (22 (2) 2 StGB

Haftbefehl Bl. – aufgehoben Bl.
Fahndung Bl. – aufgehoben Bl.
Einstellung Bl.
Anklage Bl. 10–25
Eröffnungsbeschluß – Anordnung 26/27
der Hauptverhandlung – Bl. 29
Hauptverhandlung Bl. 37–56
Urteil des I. Rechtszugs Bl. 57–70
Berufung Bl. 73–75 | 82 Rücks.
Protest Bl.

Entscheidung
über die Berufung Bl. 76/77 u. 87/88
über den Protest Bl.
Strafvollstreckung – Im Vollstreckungsheft Blatt

Weggelegt 19
Aufbewahren: – bis 19
– dauernd –
Geschichtlich wertvoll? – Ja – nein

5026/75

Aktz. Str. IA-11/73 (ROV)

S1a-02/74 MOG-Ne.

Fristen:
14.02.74/

5026/75

1a UKSt 4/74 OG Bd. 4

Kapitel 4.3.

Reedeschutzboot Typ DELPHIN

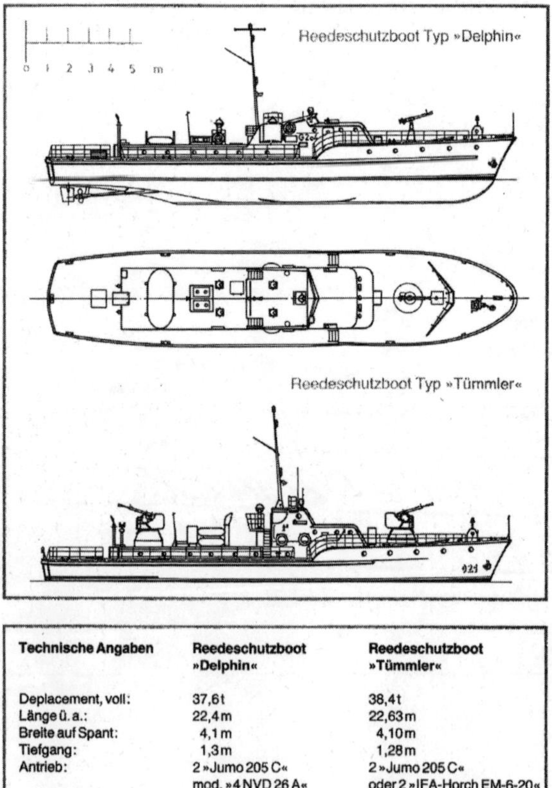

Technische Angaben	Reedeschutzboot »Delphin«	Reedeschutzboot »Tümmler«
Deplacement, voll:	37,6 t	38,4 t
Länge ü. a.:	22,4 m	22,63 m
Breite auf Spant:	4,1 m	4,10 m
Tiefgang:	1,3 m	1,28 m
Antrieb:	2 »Jumo 205 C« mod. »4 NVD 26 A«	2 »Jumo 205 C« oder 2 »IFA-Horch EM-6-20«
Leistung:	441 kW	176 kW
Geschwindigkeit:	21 sm/h	11 sm/h
Reichweite:	500 sm	550 sm
Bewaffnung:	1 × 12,7 mm	4 × 12,7 mm 2 UK

Anleger/Pier III. Bootsgruppe, rechts DELPHIN, links KS-Boot, Hintergrund Stabsgebäude GBK

Blick vom Stabsgebäude GBK auf Achterschiff Boot DELPHIN

Vorschiff Boot DELPHIN

Überschweres 12,7 mm MG auf Vorschiff KS-Boot DELPHIN

G 423 in See

Vorschiff Boot G 423 in bewegter See, Stärke 4-5, Frühjahr 1960

KS-Boot der GBK

Kapitel 4.4.

U-Jagdschiffe Typ Hai in See

U-Jagdschiff Typ HAI

Kapitel 4.5.

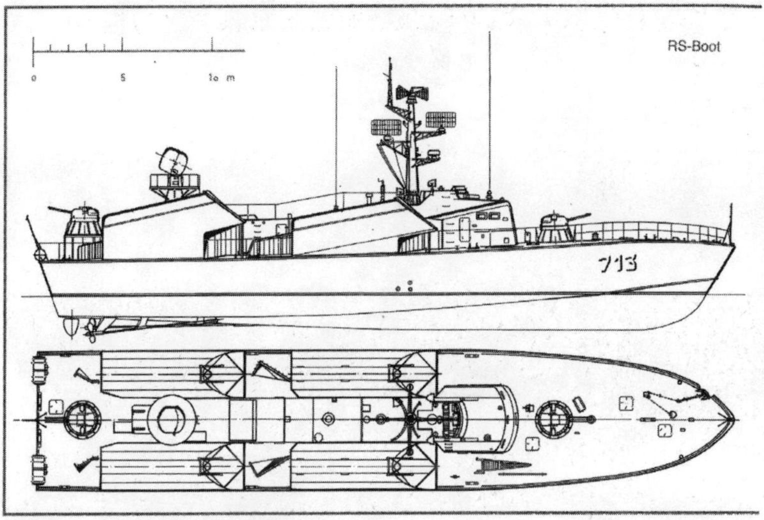

Technische Angaben	Raketen-schnellboot
Verdrängung, voll:	209 t
Verdrängung, max.:	220 t
Länge ü. a.:	38,60 m
Breite ü. a.:	7,60 m
Tiefgang, hinten:	3,73 m
Antrieb:	3 DM »M 503 A«
Leistung:	8800 kW
Bewaffnung:	4 Seezielraketen 4 × 30 mm

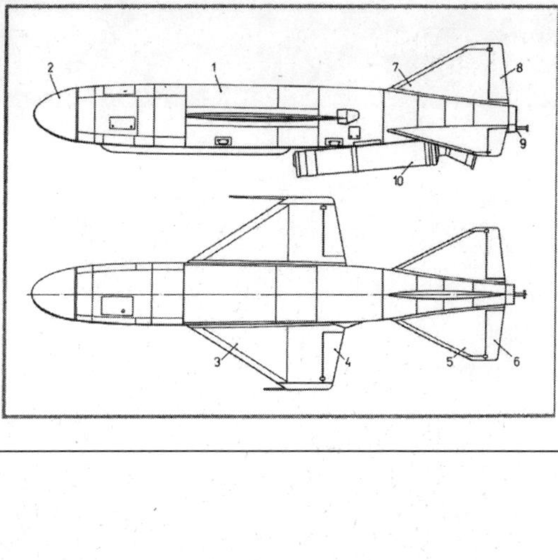

Seezielrakete der RS-Boote

1 – Raketenkörper (Zelle); 2 – Zielsuchkopf; 3 – Tragflügel; 4 – Querruder; 5 – Höhenflosse; 6 – Höhenruder; 7 – Seitenflosse; 8 – Seitenruder; 9 – Schubdüse; 10 – Starthilfsraketentriebwerk

TS-Boot Projekt 183 (P-6)

TS-Boot in voller Fahrt

TS- Boot Projekt 183 auslaufend Boddengewässer Rügen

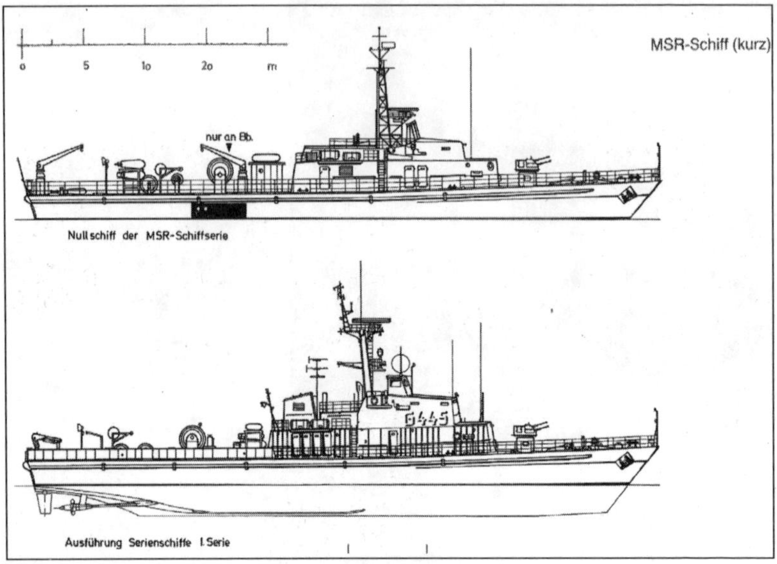

MSR „G 424“ GRAAL MÜRITZ, Projekt 89.1 (Typ KONDOR I)
an Potonpier im Stützpunkt Warnemünde

Nachgestellte Schussposition von Obermaat Holger K.*
auf dem Dach der offenen Brücke
(* Name erfunden)

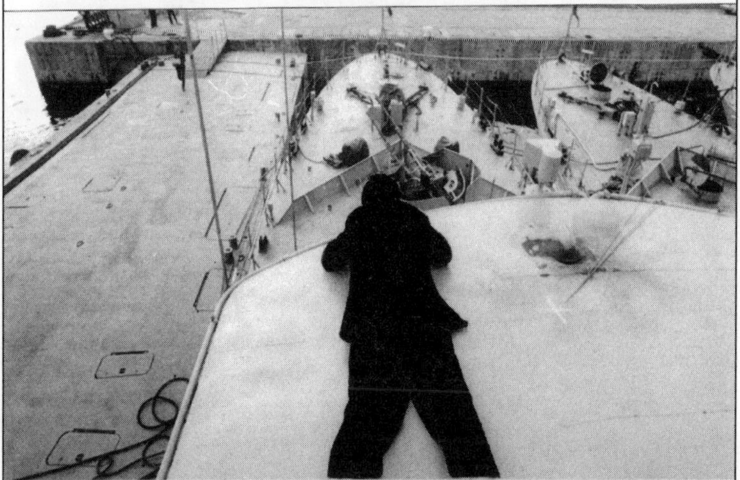

Bild 9
Rekonstruierte Lage des Schützen auf dem Dach der geschlossenen Brücke bei der Schußabgabe in Richtung Hauptdeck

BStU Kopie MfS HA IX 4332

Trefferwirkung am 25 mm Buggeschütz und Schanzkleid

Bild 6
Treffer an der Kanone:

a - vor dem Sitz des Artilleriegastes am Schanzkleid innen
s - an einer Schraube mit Mutter am abklappbaren Schanzkleidteil
g - an der Gurtzuführung des oberen Kanonenlaufes
9s - an der Rückwand des Schanzkleides

BStU Kopie MfS HA IX 4332

MPi- Einschüsse abgefeuert aus Position HBS in Richtung Hauptdeck und 25 mm Buggeschütz

Bilder 3 und 4

Überblick über alle primären Einschüsse am Hauptdeck bzw. an der Kanonenpersenning sowie die durch abgeprallte Projektile bzw. Projektilteile am Wellenbrecher hinterlassenen Spuren (1, 2s, 4s). Die weißen Striche an den Beschädigungen 2 und 4 bis 6 stellen Verlängerungen der rillenartigen Schußspuren dar.

BStU Kopie MfS HA IX 4332

Neues Deutschland / 27./28. Mai 1989 / Seite 11

Zwei Kapitäne — zwei Jubiläen

Auf der „SASSNITZ“ und der „TRELLEBORG“ zum 80. Jubiläum der Fährroute im 40. Jahr der DDR / Von unserem Nordeuropa-Korrespondenten Jochen Preußler

Langsam und majestätisch gleitet die „SASSNITZ“ aus dem Fährhafen unter der jungen Stadt auf dem Steilufer, deren Namen sie trägt, gegrüßt von den weißen Kreidefelsen Rügens. Ein stolzes Schiff, das neueste und modernste der Eisenbahnfährverbindung Saßnitz—Trelleborg, der „Königsroute“, die seit kurzem TS-LINE genannt wird. Diese Bezeichnung, die für Tradition, Pünktlichkeit und Zuverlässigkeit bürgt, steht nun in großen Buchstaben an der Bordwand aller fünf Trajekte der De[illegible]hen Reichsbahn der DDR (D[illegible] und der Schwedischen Staatsbahnen (SJ), die mit täglich zehn Abfahrten in jeder Richtung die kürzeste und schnellste Verbindung zwischen dem Kontinent und Schweden garantieren.

Neu in Dienst gestellt – die „SASSNITZ“ Foto: Fähramt Saßnitz

Im Jahr 1988 neuen Rekord aufgestellt

Am 6. Juli feiert diese Linie ihren 80. Geburtstag, doch wird das Jubiläum wegen der Urlaubszeit schon einige Tage früher, am 1. Juni, begangen werden. Wie

In den acht Jahrzehnten „Königsroute“ verkörpert sich gleichzeitig ein Stück DDR-Geschichte, denn in den letzten 40 Jahren verzeichnete die Route zusammen mit dem einstigen kleinen Fi-

ND-Artikel zum 80. Jubiläum (1989) der Fährroute Saßnitz-Trelleborg

Fährschiff der Deutschen Reichsbahn MS SASSNITZ

Fährschiff MS WARNEMÜNDE

Kapitel 4.11.

Seepolizei – etwas für uns!

Hauptverwaltung Seepolizei antwortet auf unsere Anfrage

Liebe „Junge Welt“!

Ich habe durch Presse und Rundfunk von der Bildung der Hauptverwaltung Seepolizei erfahren und möchte gern wissen, unter welchen Bedingungen man dort eingestellt werden kann.

Viele solcher Anfragen erreichten die Redaktion der „Jungen Welt“ seit der Bildung der Seepolizei.

Wir haben uns deshalb mit der Hauptverwaltung Seepolizei in Verbindung gesetzt und um Auskunft gebeten. Darauf erhalten wir folgende Mitteilung:

„Sicher haben viele fortschrittliche Jugendliche den Wunsch, durch ihren Dienst in der Seepolizei mit zur Sicherung des friedlichen Aufbaus in der Deutschen Demokratischen Republik beizutragen.

Der Seepolizei obliegt der Schutz unseres Handels, durch Kontrolle der Seewege allen Fischern Schutz zu gewähren und den Kampf gegen den Schmuggel auf See zu führen. Gleichzeitig hat sie die Aufgabe, allen in Seenot befindlichen Schiffen Hilfe zu leisten.

Es ist verständlich, daß diese Aufgaben nur von fortschrittlich denkenden Menschen gelöst werden können. Erste Bedingung für die Aufnahme bei der Seepolizei ist deshalb eine positive Einstellung zur Deutschen Demokratischen Republik und ihrer Regierung. Lust und Liebe zur Seefahrt sowie der feste Wille, sich vielseitige Kenntnisse durch fleißiges Lernen anzueignen, ist die zweite Voraussetzung.

Die Verpflichtungszeit für einen Seepolizisten beträgt drei Jahre. Für Bewerber ohne seemännische Erfahrung liegt das Einstellungsalter zwischen 18 und 24 Jahren, für ehemalige Seefahrer bis zu 35 Jahren, in Ausnahmefällen auch höher. Die Berufsausbildung muß abgeschlossen sein und der Bewerber darf keine Vorstrafen haben.

Jeder Seepolizist muß bereit sein, einen Kursus auf der Seepolizeischule zu absolvieren, um sich die notwendigen fachlichen Kenntnisse als Seemann, Maschinist, Signalgast oder Funker anzueignen. Jedem fleißigen Kursanten ist die Möglichkeit gegeben, ein Patent als Schiffsführer oder als Maschineningenieur zu erwerben.

Bewerbungen sind schriftlich zu richten unter Beifügung eines kurzen Lebenslaufs an die

Hauptverwaltung Seepolizei
Berlin-Wilhelmsruh, Kurze Str. 5/6.“

Junge Welt Aufruf 14. Juli 1950

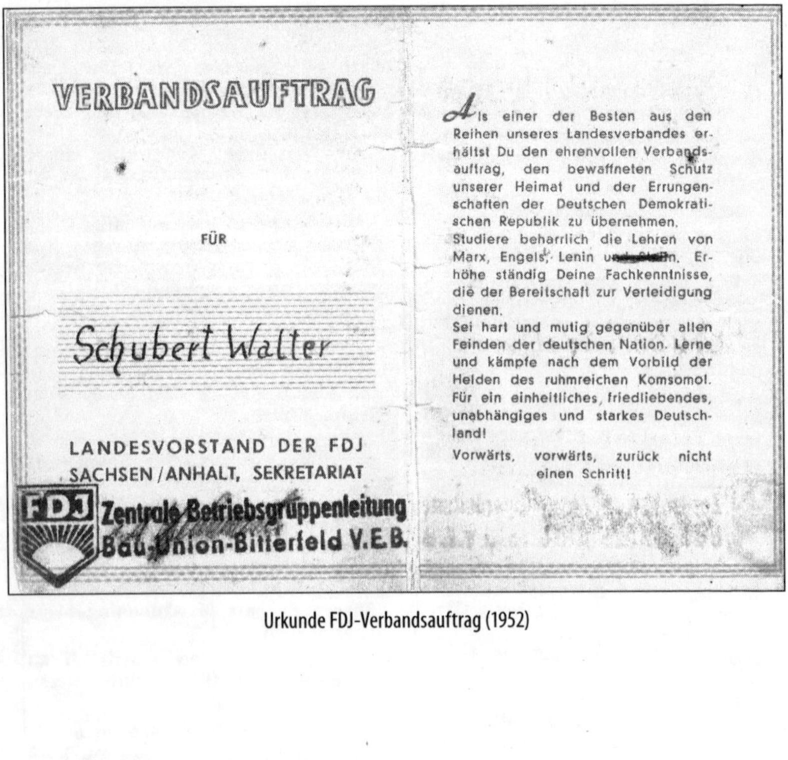

VERBANDSAUFTRAG

FÜR

Schubert Walter

LANDESVORSTAND DER FDJ
SACHSEN / ANHALT, SEKRETARIAT

FDJ Zentrale Betriebsgruppenleitung
Bau-Union-Bitterfeld V.E.B.

Als einer der Besten aus den Reihen unseres Landesverbandes erhältst Du den ehrenvollen Verbandsauftrag, den bewaffneten Schutz unserer Heimat und der Errungenschaften der Deutschen Demokratischen Republik zu übernehmen.
Studiere beharrlich die Lehren von Marx, Engels, Lenin [redacted]. Erhöhe ständig Deine Fachkenntnisse, die der Bereitschaft zur Verteidigung dienen.
Sei hart und mutig gegenüber allen Feinden der deutschen Nation. Lerne und kämpfe nach dem Vorbild der Helden des ruhmreichen Komsomol.
Für ein einheitliches, friedliebendes, unabhängiges und starkes Deutschland!
Vorwärts, vorwärts, zurück nicht einen Schritt!

Urkunde FDJ-Verbandsauftrag (1952)

WEITERE TITEL
IM
KAI HOMILIUS VERLAG

Egbert Lemcke, Holger Neidel

RAKETEN ÜBER SEE

Die taktische Seezielrakete P-15 (STYX) im Kalten und heißen Krieg

Am 21. Oktober 1967 gab es einen Paukenschlag in der Geschichte des modernen Seekrieges. Zum ersten Mal wurde ein Überwasserschiff durch eine Seezielrakete vernichtet, was damals westliche Marinen zu einem Umdenken zwang. Die P-15 ist ein Flugkörper, dessen Modernisierungsversion auch heute noch, so paradox es klingen mag, in drei Nato-Marinen im Einsatz ist.

Detaillierte Beschreibungen von Erprobung und Einsatz der Rakete und ihrer Modifikationen, ergänzt mit reich illustrierten Darstellungen zu den vielfältigen Einsatzplattformen, skurrilen Episoden, tragischen Zwischenfällen und Gefechtseinsätzen in lokalen Kriegen, bilden den Kern dieses Buches.

ISBN 978-3-89706-911-4
235 S., Softcover mit vielen farb. Abb., € 19,90, Format: 13,5 x 21
Militärgeschichte 4

Tatsachenreport 1

Jan von Flocken

DIE LINCOLN-VERSCHWÖRUNG

Der Mord an US-Präsident Abraham Lincoln 1865 war die Tat fanatischer südstaatlicher Terroristen, die sich für ihre Niederlage im Bürgerkrieg rächen wollten. So lautet die offizielle Version. Doch 21 Jahre nach dem Attentat fällt diese Theorie in sich zusammen. Zwei Ermittler, der gewissenhafte Steven Baronet und der geheimnisumwitterte Detektiv „XY", gehen 1886 den Spuren des blutigen Falles nach. Was sie heraufinden, ist so brisant, dass es die Grundfesten des politischen Systems der USA zu erschüttern droht.

Die Rahmenhandlung ist Fiktion, aber Fakten, Personen, Dokumente und Schauplätze des Dramas sind authentisch. Sie werden allerdings bis heute in den Geschichtsbüchern verschwiegen.

Tatsachenreport 2

Jan von Flocken

DIE PEARL HARBOR LÜGE

Ein heimtückischer Überfall der Japaner auf die Inselfestung Pearl Harbor kostet am 7. Dezember 1941 mehr als 3.500 amerikanische Soldaten das Leben.
Hätte diese Katastrophe verhindert werden können?

Als sich 1953 die politischen Machtverhältnisse in den USA ändern, versuchen die Journalisten Kovac und Dinsmore den Hintergründen des Pearl Harbor-Desasters auf die Spur zu kommen. Schritt für Schritt enthüllen sie ein Tabu – die größte und folgenreichste Polit-Verschwörung in der Geschichte der Vereinigten Staaten.